So holen Sie sich Italien in die Küche – die Einkaufsliste

» Damit Sie Ihre Küche optimal auf die Basenfastenwoche vorbereiten können, finden Sie eine Einkaufsliste, damit Sie die wichtigsten basischen Basics vorrätig haben, bevor Sie starten.

- Obst, Salat und Gemüse der Saison, die in den von Ihnen ausgewählten Rezepten benötigt werden
- Kartoffeln sollten Sie während Basenfasten immer vorrätig halten
- Äpfel und Bananen sollten immer im Haus sein
- Trockenfrüchte und einige Sorten ungefärbte Oliven
- zwei bis drei verschiedene Olivenöle, eines davon zum Braten
- Zitronen
- Meersalz
- Gemüsebrühe als Würfel oder gekörnt (Bioqualität ohne Glutamat)
- frische mediterrane Kräuter der Saison: Basilikum, Rosmarin, Oregano, Thymian, auch Glattpetersilie
- Reines Quellwasser ohne Kohlensäure in ausreichender Menge – Sie benötigen 2,5 bis drei Liter pro Tag!
- Reine Kräutertees. Achten Sie darauf, dass sie keinen grünen Tee, keinen schwarzen Tee, keinen weißen Tee, keinen Früchte- oder Matetee und keinen Rooibos enthalten.

Sabine Wacker ist Heilpraktikerin mit Medizinstudium und erstem Staatsexamen. Sie hat sich auf Ernährungsberatung und Entgiftung spezialisiert. Zusammen mit ihrem Mann, Dr. med. Andreas Wacker, hat sie Basenfasten – die Wacker-Methode® entwickelt. Sie ist Autorin mehrerer Bücher zu den Themenkreisen Basenfasten, Entgiften und Schüssler-Salze. Als langjähriger Italienfan hat sie nun ihre Methode auf Grün-Rot-Weiß getrimmt – das Buch ist während eines Elba-Urlaubs entstanden.

Sabine Wacker

Basenfasten all'italiano

Für italienische Gefühle im Kochtopf

TRIAS

Basenfasten all'italiano: so geht's

Lieben Sie auch italienisches Essen? Und Sie haben vielleicht schon einmal Basenfasten ausprobiert? Ihre Lieblingsküche auf Basisch – die perfekte Kombination, um die Zeit bis zum nächsten Urlaub zu verkürzen. Und das Beste daran: nach ein bis zwei Wochen Basenfasten all'italiano passt der Bikini wieder wie angegossen.

Abnehmen mit Genuss – eben italienisch

Die Seele baumeln lassen, an nichts Unangenehmes denken, schon gar nicht ans Kalorienzählen – das ist La Dolce Vita. Und Basenfasten all'italiano bringt die besten, basischen Rezepte aus Italien zu Ihnen nach Hause.

Sind auch Sie wie ich ein Italienfan? Dann haben Sie vermutlich Ihren Urlaub dort verbracht und sind noch ganz erfüllt von Sonne, Sand und Meer. Und nun steht der Alltag vor der Tür und der zeigt sich mal wieder von seiner unbarmherzigen Seite: Auf der Waage beispielsweise. Denn die leckeren Pastagerichte, die Pizzen, die Dolci und die kalorienreichen Sundowner hinterlassen ihre Spuren. Und nun ist wieder weniger essen, tägliche Arbeit und schlechtes Wetter angesagt. Igitt. Lassen Sie sich Ihr italienisches Feeling nicht sofort wegnehmen – lassen Sie Ihre Pfunde auf italienische Weise purzeln – mit Basenfasten all'italiano. So passen Sie trotzdem in die knallenge Leggings der Winterkollektion.

Aber wie soll das gehen? Man spricht zwar immer von der gesunden und leichten Mittelmeerkost. Aber mal ehrlich: Die italienische Küche ist doch sehr kalorienreich. Aus der Sicht des Säure-Basen-Haushaltes sind Pizza, Pasta, Fisch, die leckeren Desserts und Weine Säurebildner. Und die machen sich nach zwei oder drei Wochen Italienurlaub gemeinerweise auf der Waage bemerkbar. Und nun soll es heißen: Vorbei La Dolce Vita – rein in die Ernüchterung des Alltags und abspecken? Und auch noch fasten? Hilfe! Ganz klar, wenn Sie sich noch ein wenig ihre italienischen Urlaubsgefühle bewahren wollen, dann liegt Ihnen nichts ferner, als »Fasten«. Denn: Das typisch italienische Feeling ist für uns das Schwelgen in einem Überfluss an Sonne, Zeit, Cappuccinos, köstlichen Fisch- oder Pastagerichten, Valpolicella, leckerem Tiramisu oder Panna cotta.

Italia amore mio: So oder ähnlich haben Sie doch auch Ihren Italienurlaub verbracht. Dazu fällt mir ein Schlager ein, den auch Sie sicher noch im Ohr haben: »Carbonara – e una Coca-Cola«.

La Dolce Vita muss nicht sauer sein

» Moment, was hat das denn mit Fasten zu tun? Das geht doch nun wirklich nicht. Selbst, wenn Sie bereits wissen, dass Basenfasten kein strenges Fasten ist, sondern Obst, Salate und Gemüse erlaubt. Die Klassiker der italienischen Küche sind doch die echten Kalorienbomben und ziemlich sauer. Aber ist es wirklich in erster Linie das saure-italienische Essen, das italienisches Feeling vermittelt? Ist es nicht vielmehr die Mentalität der Italiener, der emotionale Klang der Sprache, die atemberaubende Schönheit eines Sonnenuntergangs – eines Beltramonto –, die ein genauso wohliges Gefühl im Bauch hinterlässt wie ein reichhaltiges Essen? Denken Sie nur an eine Bootsfahrt in der Abendsonne – ich denke gerade daran, wie ich im Mai die Sonne im Meer vor Stromboli habe untergehen sehen… ohne jeden Säurebildner – einfach nur schön. Nicht umsonst kennt jeder den Gassenhauer: Wenn bei Capri die rote Sonne im Meer versinkt… sie versinkt vor Stromboli genauso schön.

Übrigens entsteht dieses Buch gerade auf der Insel Elba, und mein Mittagessen bestand heute aus zwei Pfirsichen und einem Salat und einem herrlichen Blick über das Meer – mehr braucht es nicht. Holen Sie sich während Ihrer Basenfastenwoche italienisches Feeling nach Hause – mit diesem Buch und den vielen Tipps, die Ihnen dabei helfen – auch mit jeder Menge italienischer Rezepte. Und die Pfunde purzeln so schnell, wie Italiener sprechen.

▲ Sie brauchen keine Pizza mit viel Käse, Ihre inneren Urlaubsbilder und meine basisch-italienische Küche reichen vollkommen

Fasten mit italienischer Leichtigkeit

» Basenfasten eignet sich hervorragend für Ihre italienische Fastenwoche, denn Sie dürfen in dieser Woche so viel Obst, Salat und Gemüse essen, bis Sie satt sind. Und Sie dürfen es genießen mit leckeren italienischen Rezepten, die ich als Italienfan im Laufe der Zeit zusammengestellt habe. Wenn Sie Basenfasten aus einem oder mehreren meiner Bücher schon kennen, dann fragen Sie sich womöglich, wie das so leicht mit dem Italienfeeling gehen soll. Denn es gibt doch gewisse Regeln beim Basenfasten. Zugegeben, um die Rezepte italienisch zu gestalten, musste ich ein wenig meine jahreszeitlichen Regeln lockern. Denn ohne Tomaten gibt es selten ein italienisches Rezept. Und bei uns haben Tomaten nur eine kurze Saison.

Ich gehe daher mit der Verwendung von Tomaten und anderen Lebensmitteln der Saison nicht ganz so streng um, wie Sie es sonst von mir kennen. Denn es geht mir in erster Linie darum, dass Sie mit dieser italienischen Basenfastenwoche Ihre Urlaubsstimmung basisch verlängern. Wenn Sie am Ende des Sommers diese Woche beginnen, dann passt die Kur mit den vielen Tomaten in den Rezepten genau in die Jahreszeit. Sie finden aber auch Rezepte mit Spinat, Lauch, Mangold, Kürbis, Kartoffeln und Fenchel, sodass Sie auch dieses Buch für jede Jahreszeit verwenden können. Sind Sie daher nicht zu streng zu sich – auch das ist italienisches Lebensgefühl.

Wie war das noch mal mit Basenfasten?

» Wenn Sie Basenfasten noch nicht kennen oder nicht mehr so genau wissen, was es ist und wie es funktioniert, dann finden Sie auf den folgenden Seiten die wichtigsten Infos dazu. »Basenfasten – die Wacker-Methode®« wurde von meinem Mann, Dr. med. Andreas Wacker, und von mir aus langjähriger Praxiserfahrung heraus entwickelt, um den Einstieg in eine gesunde Ernährungs- und Lebensweise genussvoll zu gestalten. Basenfasten ist eine milde Variante des klassischen Fastens.

Basenfasten – das ist der freiwillige Verzicht auf säurebildende Nahrungsmittel für einen begrenzten Zeitraum – meist für ein oder zwei Wochen. Das Besondere an Basenfasten ist, dass Essen bei dieser Fastenart erlaubt ist. Es ist alles erlaubt, was der Körper basisch verstoffwechseln kann. Das sind im Wesentlichen alle Obst- und Gemüsesorten. Dadurch, dass Sie essen, läuft die Stoffwechselarbeit wie gewohnt weiter und gerät nicht in den sogenannten Fastenstoffwechsel, wie dies beim Heilfasten der Fall ist. Das hat den Vorteil, dass die Ausscheidung der oben beschriebenen Altlasten wesentlich langsamer und schonender abläuft. Somit kommt es nur in Ausnahmefällen zu Heilkrisen. Das heißt nun nicht, dass Basenfasten nur sehr langsam zum Erfolg führt, weil es langsamer und schonender an die Ausscheidung von Giftstoffen herangeht. Im Gegenteil, der Erfolg stellt sich bereits nach wenigen Tagen ein und hält, sofern Sie sich auch an die Empfehlungen für die Zeit nach Basenfasten halten, an.

Die Entsäuerung und Entgiftung, die durch ein oder zwei Basenfastenwochen erreicht werden, sind so schnell und so effektiv wie bei einer radikaleren Methode. Der Unterschied besteht darin, dass Basenfasten viel leichter durchzuführen ist und auch für Allergiker und chronisch Kranke gut verträglich ist. Und das besondere daran: Auch die Genussmenschen kommen nicht zu kurz und nicht selten werden ein bis zwei Wochen Basenfasten zu einem festen Ritual derer, die sonst am liebsten im »sauren« Dolce Vita schwelgen. Denn:

Während Basenfasten dürfen Sie essen, satt werden und sich dabei wohlfühlen. Kann man das glauben? Ja, das können Sie! Das Einzige, was Sie beachten müssen, ist, dass Sie während Ihrer Basenfastenwoche keine säurebildenden Nahrungsmittel zu sich nehmen, auch keine säurebildenden Getränke. Diese Woche heißt für Sie: Alles ist erlaubt, was der Körper basisch verstoffwechseln kann. Damit entlasten alle Nahrungsmittel, die sie essen dürfen, den Stoffwechsel – oder andersherum: sie belasten ihn nicht.

Was ist an Säuren denn so schlimm?

» Zunächst einmal sei für alle Basenphilosophie-Anfänger gesagt, dass alles, was Sie essen oder trinken, im Körper, chemisch gesehen, zu Säuren oder Basen verarbeitet wird und dass prinzipiell beides seine Berechtigung hat. Um gesund zu bleiben, bedarf es eines ausgewogenen Verhältnisses von Säuren und Basen im Körper. Dies ist in der Regel dann gegeben, wenn wir durch die tägliche Nahrungsaufnahme deutlich mehr basenbildende Nahrungsmittel aufnehmen – genau genommen nahezu 80 Prozent Basenbildner. Die Realität in den Industrienationen verhält sich leider umgekehrt: die meisten Menschen ernähren sich überwiegend von Säurebildnern wie Fleisch, Wurst, Käse, Brot, Teigwaren, Süßigkeiten – dazu kommt ein hoher Kaffeekonsum, Softgetränke und Alkohol.

Seit Jahren mehren sich Studien, die einen Zusammenhang mit der Zunahme chronischer Erkrankungen, vor allem Osteoporose, Rheuma, chronische Schmerzen, Allergien, Haut- und Magen-Darm-Erkrankungen aufzeigen. Man spricht in diesem Zusammenhang von chronischer Übersäuerung, die den Stoffwechsel belastet. Auch die in den

◀ Wenn schon Säurehaltiges, dann sollten die Basen – Gemüse und Salat – mengenmäßig deutlich überwiegen

Industrienationen übliche hektische Lebensart ist ein Säureproduzent. Und wie man sich die abgewöhnt, das haben Sie in Ihrem Italienurlaub gesehen. Dazu kommt Bewegungsmangel – allen Fitnessstudios zum Trotz –, der dazu führt, dass weniger Säuren abgebaut werden können. Ja, es stimmt: Bewegung, vor allem Ausdauersport, fördert aktiv die Säureausscheidung. Nur hier sind die meisten Italiener uns nicht wirklich ein Vorbild.

Zu viele Säuren, zu viel auf den Hüften

» Erinnern Sie sich an die Menschen am Strand? Liegen bewundernswerterweise oft den ganzen Tag am Strand und können mittags wie abends ein 3- bis 4-gängiges Menü essen und dazu Wein trinken. Man sieht daher in Italien mindestens so viele »Trommelträgerbäuche« (nach F. X. Mayr) wie in Deutschland oder in anderen westlichen Ländern. Übergewicht ist aber nur eine Folge jahrelanger Fehlernährung, die sich unter anderen dadurch auszeichnet, dass sie viel zu viele Säurebildner enthält. Jahrzehntelange Erfahrungen in vielen Naturheilkundepraxen haben gezeigt, dass die meisten chronischen Erkrankungen mit einer Übersäuerung des Körpers einhergehen. Und auch unsere Beobachtungen bestätigen das.

Keine uns bekannte chronische Erkrankung, sei es eine Allergie, Rheuma oder eine Krebserkrankung hat sich je in einem gesunden Säure-Basen-Haushalt abgespielt. Aber Vorsicht! Jeder Mensch ist hin und wieder kurzfristig übersäuert – wenn er etwa nach einer stressigen Zeit mit einem Infekt, Verdauungsbeschwerden oder mit Kopfschmerzen reagiert. Das sind vorübergehende Stressreaktionen des Körpers, die als normal angesehen werden können, denn ein gewisses Auf und Ab gehört nun mal zum Leben. Grund zur Sorge besteht erst dann, wenn man ständig übersäuert ist, was sich dadurch bemerkbar macht, dass man ständig Wehwechen hat oder eine Krankheit sich manifestiert und damit chronisch wird – auch die Pollenallergie gehört dazu.

Lassen Sie sich in meine Gemüsewelt entführen

» Keine Frage, Entsäuerung macht schlank, fit und leistungsfähig – am besten durch einige Tage oder durch eine Woche Basenfasten. Und damit Sie dabei Ihre Urlaubslaune nicht verlieren, entführe ich Sie in die italienische Gemüsewelt, die so lecker ist, dass Sie, im richtigen Ambiente mit Kerzenschein und italienischer Musik, denken, Sie wären noch in Italien.

Bevor Sie damit durchstarten: Hier kommen einige wichtige Infos zu Ihrer Entlastung. Eigentlich ist es ideal, eine 1-wöchige Basenfastenkur zu machen – auch zwei Wochen sind oft sinnvoll. Wenn Sie nun aber spüren, dass Sie maximal drei oder vier Tage bereit dazu sind, oder gar nur hin und wieder einen Basenfastentag einlegen wollen, dann tun Sie das. Jeder basische Tag zählt und bringt Sie gesundheitlich voran. Sicher sind ein bis zwei Wochen ideal, vor allem dann, wenn Sie an einer chronischen Erkrankung leiden. Es ist aber genauso wichtig, dass Sie das, was Sie für Ihre Gesundheit tun, freiwillig machen und es gerne tun. Und wenn derzeit nur ein Tag möglich ist, dann ist das eben so. Ihr Stoffwechsel atmet auf und schmeißt die überschüssigen Säuren raus – eben das geschieht beim Basenfasten. Vielleicht wird beim nächsten Mal eine Woche daraus, wenn Sie merken, wie gut Ihnen der Tag getan hat. Die vielen köstlichen italienischen Rezepte helfen Ihnen dabei, diesen Tag oder diese Woche zum Genuss werden zu lassen, den Sie gerne wieder wiederholen wollen.

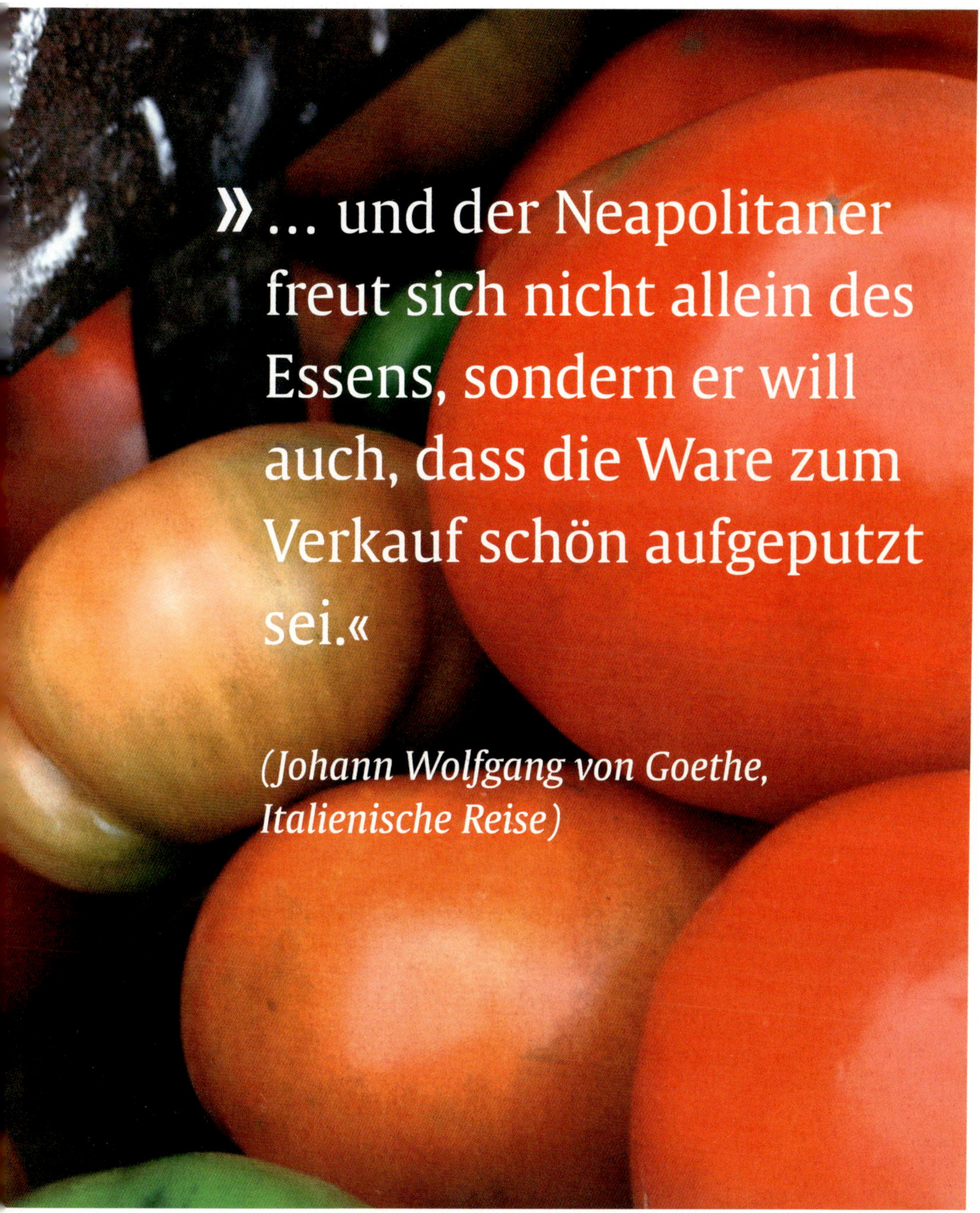

» … und der Neapolitaner freut sich nicht allein des Essens, sondern er will auch, dass die Ware zum Verkauf schön aufgeputzt sei.«

(Johann Wolfgang von Goethe, Italienische Reise)

Auf was es ankommt – die Basics

Ernährung – eine rein basische Ernährung – steht beim Basenfasten an erster Stelle. Dabei verzichten Sie für die Dauer der Basenfastenzeit – meist ein oder zwei Wochen – auf alle säurebildenden Nahrungsmittel.

Basenfasten ist auch in erster Linie eine Umdenkwoche und stellt damit die Weichen für eine gesundheitsbewusstere Ernährungs- und Lebensweise für die Zeit danach. Und dabei kommt es auf mehr als nur auf die Ernährung an – die sieben Basenfasten-Basics zeigen Ihnen, worauf es ankommt.

Die Basenfasten-Basics:

- Motivation
- Obst und Gemüse pur
- Genießen all'italiano
- Das Trinken nicht vernachlässigen
- Darmreinigung
- Bewegung
- Entspannung

Auch wenn diese italienische Woche von mir nicht ganz so streng gesehen wird, möchte ich Ihnen diese Basics gerne ans Herz legen. Sie stellen die Grundlage für eine erfolgreiche Basenfastenwoche dar.

Motivation

» Alles im Leben funktioniert immer nur so gut, wie man motiviert ist. Deshalb ist Motivation mit das Wichtigste, wenn Sie mit Erfolg Basenfasten durchführen möchten. Zwingen Sie sich zu nichts, was Sie nicht wirklich wollen. Vielleicht reicht Ihre Motivation für die ganze Woche, vielleicht reicht sie auch nur für ein oder mehrere Tage. Bleiben Sie cool und tun Sie das, wonach Ihnen ist. Überlegen Sie sich genau, warum Sie gerade jetzt etwas für Ihre Gesundheit tun wollen. Machen Sie jeden Tag aufs Neue einen Motivations-Check. Fehlt sie, dann hilft manchmal ein kleiner Anreiz: Belohnen Sie sich mit einer Massage oder mit: »Wenn die Pfunde purzeln, dann gönne ich mir diese tolle italienische Designerhose zur Belohnung.« Und freuen Sie sich auf Pasta, eisgekühlten Aperol Sprizz und Gelato im nächsten Italien-Urlaub.

Italia amore mio: Zur Einstimmung auf Ihre nächste Reise können Sie ja schon mal Adriano Celentano anhören. Sein Hit »Azzuro« fehlt auf keiner Best-of-CD.

Obst und Gemüse pur

» Bei Basenfasten gilt: Nur Basenbildner dürfen in dieser Zeit auf den Tisch! Das sind fast alle Obst- und Gemüsesorten, die Sie als frisch gepressten Saft, als Salat, als Antipasti, als Suppen oder als Gemüsegerichte zu sich nehmen dürfen. Oder aber sie essen sie pur – beißen einfach mal zwischendurch in eine frische Feige. Und darin unterscheidet sich Basenfasten von all den Säure-Basen-Diäten, die auf dem Markt sind. Basenfasten ist 100 Prozent basenbildend – Säurebildner – siehe Liste – sind in dieser Woche tabu.

◀ Sonnengereifte Zitronen kennen und lieben alle, die ihr Herz in Süditalien und Sizilien verloren haben

INFO

Diese Lebensmittel sind in der Basenfastenzeit tabu

- jede Art von Fleisch: Schwein, Kalb, Rind, Wild, Geflügel
- alle Wurstwaren, Schinkenarten, auch Fleischbrühen
- alle Fische und Schalentiere
- Milchprodukte (auch Butter, Sahne, Quark, Joghurt, Kefir, Molke, auch von Schaf und Ziege)
- alle Käsesorten, auch Frischkäse
- fettarme Produkte
- Eier
- Senf und Essig
- Hülsenfrüchte wie Linsen, Bohnen, Kichererbsen, auch Sojabohnen und Sojaprodukte
- Spargel, Rosenkohl, Artischocken
- alle Nüsse außer Mandeln und frischen Walnüsse
- kohlensäurehaltige Getränke (auch Mineralwässer)
- Zucker und Süßigkeiten, egal ob mit Fabrikzucker, mit Vollrohrzucker oder mit Honig hergestellt, auch Lakritze (hat Zuckerzusatz)
- Kaugummi, auch zuckerfrei (bringt die Magensäureproduktion durcheinander)
- Eis, auch Wasser-, Joghurt- und Sojaeis
- alle Vollkornprodukte, egal von welchem Getreide
- alle Weißmehlprodukte, auch graue Brötchen
- alle Teigwaren, auch Mais-, Dinkel-, Kamut-, Hirse-, Reis- und Sojanudeln
- Essener Brot – traditionell aus vorgekeimtem Getreide hergestellt

- geschälte und polierte Getreide
- polierter Reis
- gehärtete, raffinierte Fette und Öle, billige Salatöle, Margarine, auch Diätmargarine
- Bohnenkaffee, Getreidekaffee, koffeinfreier Kaffee, Instantkaffee
- schwarzer Tee, Früchtetee, Roiboostee
- grüner Tee – enthält Gerbstoffe, die Säuren bilden
- weißer Tee – enthält Gerbstoffe, die Säuren bilden (schwach, aber sauer)
- Matetee (Koffeingehalt)
- Eistee mit Zucker oder Süßstoff, auch Volvic-Tees (Teekreation)
- Softdrinks wie Limonaden, Cola, Fruchtgetränke (Zucker, Aromastoffe)
- Alkohol
- Fertigprodukte, die Säurebildner enthalten
- Knoblauch und Bärlauch

Lassen Sie sich im Rezeptteil des Buches überzeugen, dass das Weglassen der »leckeren« Säurebildner nicht dazu führt, dass Ihre Küche nun trostlos und langweilig wird. Basenbildner sind alles andere als langweilig, und in Verbindung mit den italienischen Rezepten in diesem Buch können Sie einen ganz neuen Genuss entdecken.

Durch den völligen Verzicht auf Säurebildner wird eine Mobilisierung der abgelagerten Säuren erreicht, die dann durch hohe Trinkmengen und regelmäßige Darmreinigung ausgeschwemmt werden. Für Allergiker hat das Weglassen der Säurebildner den großen Vorteil, dass die wichtigsten Nahrungsmittelallergene wie Kuhmilch, Weizen, Roggen und Zucker wegfallen. Allein dadurch erleben viele Allergiker einen »Aha-Effekt«, denn die Entlastung, die durch das Weglassen eintritt, ist oft enorm. Da Milch, Käse, aber auch Getreide schleimbildend sind, spüren vor allem Pollenallergiker und Asthmatiker oft eine sofortige Erleichterung. Eine wunderbare Begleiterscheinung des Basenfastens ist, dass die Haut bereits nach wenigen Tagen wieder reiner und strahlender wird.

Genießen all'italiano

» Genuss sollte beim Essen immer ganz oben stehen – auch dann, wenn man gerade basenfastet. Gerade die Basenfastenzeit kann Ihnen helfen, die durch Fastfood und hektisches Essen verkümmerten Geschmacksknospen wieder zu aktivieren und damit zum Genuss zurück zu finden. »Gesundheitserlebnis Basenfasten – eine Woche basisch genießen« – unter diesem Motto starteten wir vor einigen Jahren unseren ersten Basenfastenkurs in der Praxis. Weil uns der Genuss von Anfang an so wichtig war.

Italia amore mio: **Genießen Sie Ihre Mahlzeiten, als würden Sie sie im Restaurant essen – decken Sie den Tisch in mediterranen Farben, dekorieren Sie mit Sand und Muscheln, oder was Sie sonst für Mitbringsel aus Ihrem letzten Italienurlaub finden. Zünden Sie Kerzen an und richten Sie das Essen so auf dem Teller an, als würden Sie es in einem eleganten Restaurant serviert bekommen.**

Das Trinken nicht vernachlässigen

» So wichtig wie das Essen ist auch das Trinken. Sie benötigen 2,5 bis drei Liter pro Tag – Wasser oder verdünnten Kräutertee. Trinken durchspült die Lymphe und die Nieren, und nur so können unerwünschte Stoffe den Körper auch verlassen – wenn Sie das Richtige trinken! Tabu sind Kaffee, Espresso, Limonaden und alkoholische Getränke. Damit es italienisch bleibt, empfehle ich stilles Wasser – Aqua naturale, wie man es in Italien nennt. Mein Lieblingswasser kommt aus dem italienischen Monte-Rosa-Massiv und heißt Lauretana, aber auch andere stille Wasser wie Mont Roucous, St. Leonhardt und Plose Wasser sind zu empfehlen. Von Leitungswasser, vor allem in Städten oder in Häusern mit alten Leitungen, rate ich ab. Wenn Sie Bedürfnis nach warmen Getränken haben, sind verdünnte Kräutertees die Getränke der Wahl.

Als Teesorten kommen alle Kräutermischungen infrage, die wirklich nur aus einheimischen Kräutern bestehen – ohne Zusätze. Wenn Sie während der Basenfastenwoche einen speziel-

◀ Getränke während des Basenfastens sind Quellwasser und verdünnte Kräutertees: ein Beutel auf ein Liter Wasser

INFO

Cappuccino-Tanten aufgepasst: Bereiten Sie sich richtig vor

Wenn Sie allzu gerne Ihren täglichen Cappuccino trinken, um sich ein wenig italienisches Feeling im Alltag zu sichern, und sei es nur eine Tasse pro Tag, dann können die ersten Basenfastentage Ihren Kreislauf ins Schleudern bringen. Müdigkeit, Kopfschmerzen, auch mal Schwindel sind mögliche Folgen des Kaffeeentzugs. Wenn Sie daher eine Woche Basenfasten planen, sollten Sie drei Tage vor Fastenbeginn bereits auf Cappuccino verzichten. So können Sie sich mit Basenfasten vom ersten Tag an wohlfühlen.

len Heiltee trinken möchten, wie beispielsweise Brennnesseltee oder Entschlackungstee, dann trinken Sie bitte pro Tag immer nur eine oder zwei Tassen davon, weil die Heilwirkung der Tees sonst zu stark wird. Wenn Pfefferminze in einer Teemischung ist, ist das völlig in Ordnung. Sie sollten aber keine drei Liter reinen Pfefferminztee trinken, auch nicht verdünnt. Pfefferminztee in größeren Mengen getrunken, kann zu Blähungen und Bauchschmerzen führen.

Beispiele für empfehlenswerte Fertigtees: Morgengruß, Kräutertraum und Abendtraum der Firma Lebensbaum, Everstaler-24-Kräuter-Tee, Basen-Balance-Tee von Salus. Achten Sie bei der Auswahl der Tees darauf, dass Sie wirklich einen Kräutertee erstehen und nicht eine wilde Mischung aus Früchten Roiboos, Aromastoffen und dergleichen. Früchtezusätze reagieren im Organismus sauer, Aromastoffe irritieren die Geschmacksnerven und Roiboos kann, in großen Mengen genossen, den Kreislauf schwächen. Kräutertee schmeckt auch prima, wenn Sie nur wenig Tee pro Kanne verwenden!

Darmreinigung

» Wenn Sie sich entschlossen haben, eine Woche lang Basenfasten all'italiano zu machen, dann bleibt Ihnen die Darmreinigung leider nicht erspart. Lassen Sie es sich gesagt sein: In den Tiefen der Darmschlingen hängen mehr unverdaute Reste, als man glaubt. Und die können in Verbindung mit dem vielen Obst- und Gemüse, das nun in der Basenfastenwoche in den Darm gelangt, für Menge Furore sorgen – in Form von Blähungen. Besser also, Sie machen einen Großputz und fühlen sich dadurch von Anfang an wohl. Ideal ist, wenn Sie Ihren Darm alle zwei bis drei Tage reinigen.

Und wie soll der Darm gereinigt werden? Zur Darmreinigung gibt es drei empfehlenswerte Methoden: Mit Glauber- oder Bittersalz, mit Einläufen oder mit der Colon-Hydro-Therapie. Das »Glaubern«, die Darmentleerung mit Glaubersalz, ist die klassische Methode der Darmreinigung bei Heilfastenkuren. Oft auch die gefürchtetste, denn viele haben sie in schlechter Erinnerung. Für uns ist sie nicht die Methode der ersten Wahl, denn Menschen mit einem empfindlichen Darm kommen damit in der Regel nicht klar, denn es reizt die Schleimhäute. Auch diejenigen, die sehr wenig trinken, haben mit dieser Methode oft nicht den gewünschten Erfolg. Wenn Sie den Geschmack von Glaubersalz nicht mögen, dann können Sie in der Apotheke auch Bittersalz kaufen – es wirkt genauso gut – schmeckt aber ein wenig anders.

Darmreinigung mit Glaubersalz: Legen Sie den Zeitpunkt Ihrer ersten Einnahme unbedingt so, dass Sie die folgenden Stunden keine wichtigen Termine haben und immer in der Nähe Ihrer Toilette sind. Wenn die Wirkung des Salzes einsetzt, gibt es kein Aufschieben mehr. Das kann nach einer Stunde sein, es kann aber auch erst spät oder gar nicht losgehen. Deshalb: Nehmen Sie das Glaubersalz am frühen Freitag Abend ein, wenn Sie am Samstag frei haben.

Darmreinigung mit Einläufen: Diese Darmreinigungsmethode empfehlen wir neben der Colon-Hydro-Therapie am liebsten. Sie ist gut verträglich und einfach durchführbar mit einem Irrigator, den Sie in jeder Apotheke kaufen können (beispielsweise von der Firma Oros als Plastikbehälter oder als faltbarer Reise-Irrigator).

Legen Sie ein Handtuch auf den Boden Ihres Badezimmers. Füllen Sie den Irrigator mit zwei Liter Wasser mit einer Temperatur von 36 bis 37 Grad. Legen Sie sich in linker Seitenlage auf das Handtuch. Fetten Sie das Einführrohr mit etwas Vaseline oder einer anderen unparfümierten Fettcreme ein und führen Sie es wenige Zentimeter in den After ein und öffnen Sie den Zulaufhahn des Irrigators. Das Wasser läuft nun langsam vom Enddarm aus in den gesamten Dickdarm. Wenn Sie zum ersten Mal einen Einlauf machen, kann es sein, dass Sie bereits nach wenigen Millilitern einen Entleerungsdruck verspüren. Das ist normal,

INFO

Anwendung von Glaubersalz

Lösen Sie 40 g Glaubersalz in ½ l Wasser auf, geben Sie etwas Zitronensaft dazu und trinken sie die Lösung langsam. Trinken sie danach reichlich Wasser oder Kräutertee, um den Salzgeschmack zu vermindern. Nun sollte innerhalb der folgenden ein bis drei Stunden eine gründliche Darmentleerung erfolgen. Wenn sich nach acht bis zwölf Stunden noch nichts getan hat, dann können Sie die Einnahme wiederholen oder einen Einlauf machen.

denn der Darm reagiert anfangs meist etwas verkrampft. Wenn Sie das Gefühl haben, dass der Druck auf die Darmwand zu stark wird und Sie das Wasser nicht mehr halten können, dann geben Sie diesem Druck nach und gehen Sie auf die Toilette. Manchmal sind zwei, drei oder mehr Füllungen nötig, bis der Darm richtig entleert ist.

Colon-Hydro-Therapie ist die eleganteste und mit die effektivste Methode der Darmreinigung – eben der Mercedes unter den Darmreinigungsmethoden –, die es übrigens auch in Italien gibt. Der Vorteil: Sie müssen es nicht selbst durchführen. Sie müssen nicht alleine entscheiden, ob der Darm nun richtig entleert ist oder nicht, und Sie erhalten außer der Darmspülung auch eine gründliche Darmmassage. Wenn man bedenkt, dass der Darm die größte Grenzfläche des Körpers ist – die Gesamtfläche des Darmes beträgt 300 bis 500 m^2 - dann wird schnell klar, wie groß der Reinigungseffekt ist.

Wie funktioniert die Colon-Hydro-Therapie? Bei dieser Methode wird der Dickdarm mit warmem gefilterten Wasser sanft gespült und dadurch sehr intensiv gereinigt, was mithilfe eines Gerätes geschieht, dem sogenannten Colon-Hydromat. Die Therapie an sich ist Jahrtausende alt, denn es handelt sich dabei um nicht anderes als eine moderne und hygienische Form der Einlauftherapie. Dabei liegt man bequem in Rückenlage auf einer Behandlungsliege. Über ein geschlossenes System (mit sterilem Einmaleinführbesteck) fließt warmes, filtriertes Wasser in den Darm und der Darminhalt wird durch einen Abflussschlauch geruchfrei ausgeleitet. Der Therapeut ist während der gesamten Spüldauer von 35 und 50 Minuten anwesend, bedient das Gerät und führt die Darmmassage aus.

Die Behandlung beginnt mit einer sogenannten Füllphase, bei der Wasser in den Dickdarm gespült wird. Der Behandlungsdruck wird dabei

INFO

Drei bis vier Sitzungen sind nötig

Begleitend zum Basenfasten empfehle ich meinen Basenfasten-Kursteilnehmern, drei bis vier Sitzungen à 40 Minuten durchführen zu lassen. Eine tiefenwirksame Grundreinigung des Darms erfordert mindestens sechs Spülungen – bei chronischen Erkrankungen können auch zehn oder mehr Sitzungen nötig sein. Colon-Hydro-Therapie ist nicht geeignet für Schwangere und Stillende sowie für Menschen mit schwerem Verlauf bestimmter chronischer Erkrankungen. Wichtig ist, dass vor der Behandlung ein ausführliches Gespräch stattfindet und dass Sie Ihren Therapeuten über alle Ihre Vorerkrankungen und Erkrankungen informieren, sodass er das Risiko abschätzen kann. Bei sachgemäßer Anwendung ist die Colon-Hydro-Therapie völlig ungefährlich. Weitere Infos und Therapeutenliste finden Sie unter www.bcht.de

ständig überwacht. Nach der Füllphase wird der Darm mit oder ohne Massageöl massiert. Die Behandlungstemperatur beträgt grundsätzlich 36 bis 37 Grad, entsprechend der Normaltemperatur des Darmes. Ist ein Darm sehr träge in seinen Reaktionen, kann der Therapeut die Temperatur für kurze Zeit erniedrigen, um einen »Kneipp-Effekt« zu erzielen. Für einen solchen Effekt genügt es, die Behandlungstemperatur um zwei bis fünf Grad zu erniedrigen, was ein erfahrener Therapeut im Einzelfall wohldosiert einsetzen wird.

Durch den Wasserdruck wird ein leichter Massageeffekt erzeugt, der durch die Bauchmassage noch verstärkt wird. So wird der Darm zur Entleerung angeregt, und es lösen sich oft selbst Kotreste, die viele Jahre alt sind. Sind erst einmal alle Kotreste draußen, können die Darm-

▲ Bewegung – am besten in der Natur – ist wichtig beim Basenfasten

wände wieder aufatmen, und das merken Sie dadurch, dass Sie sich nach der Spülung viel wohler und vitaler fühlen. Die Haut wird besser durchblutet, und das Hautbild insgesamt verbessert sich.

Bewegung

» Über dieses Basic redet man lieber als über die Darmreinigung, und auch die Notwendigkeit körperlicher Bewegung muss man nicht mehr diskutieren. Was nicht heißt, dass dieses Basic immer erfüllt wird. Deshalb noch einmal: Bewegen Sie sich – täglich. Springen, hüpfen, laufen, rennen, schwimmen oder tanzen Sie – aber bewegen Sie sich. Suchen Sie sich das Bewegungsprogramm aus, das zu Ihnen passt. Wenn Sie nicht wissen, was zu Ihnen passt, dann schnuppern Sie: Im Fitnessstudio, beim Rudern, auf dem Tennisplatz, in der Tanzschule, in der Nordic-Walking-Gruppe. Spüren Sie nach, wie Sie sich jeweils dabei fühlen. Allein schon mit Schnuppern können Sie ein bis zwei Wochen füllen und haben sich dabei bewegt. Bewegung soll Spaß machen – war das bislang nicht der Fall, dann haben Sie Ihr sportliches Hobby noch nicht entdeckt. Weiter suchen! Während Basenfasten und danach gilt: täglich 30 bis 45 Minuten körperliche Bewegung.

Auch Yoga, Tai-Chi und Chi Gong sind prima. Der Vorteil dieser Techniken ist, dass hierbei automatisch die Atmung mitberücksichtigt wird und der Geist zur Ruhe kommt. Dabei werden der Stoffwechsel, die Durchblutung und alle Körperfunktionen harmonisiert, eine umfassende und ganzheitliche Wirkung also. Noch tief greifender, wenn auch ohne direkte körperliche Bewegung, ist Meditation. Wenn Sie abends kaputt nach Hause kommen, ist das die ideale Technik, um abzuschalten. Sinnvoll ist es, erst einige Minuten Yoga zu machen und danach zu meditieren. Sie können das nicht? Kein Problem. In allen Städten gibt es inzwischen Yogakurse und Meditationsgruppen, meist auch an Volkshochschulen.

Entspannung

» Riposo – ausruhen – das machen wir in Italien gerne. Oft ist es so heiß, dass uns gar nichts anderes übrig bleibt. Doch kaum sind wir wieder zu Hause, jagen wir wie die Verfolgten über die Piste und haben noch nicht einmal Zeit, in Ruhe zu essen. Wenn Sie es schaffen, sich geschickt regelmäßige Erholungsinseln in den Alltag einzubauen, haben Sie damit eine Kraftquelle erschlossen, die nahezu unerschöpflich ist.

INFO

Tipps für einen guten und erholsamen Schlaf

Nehmen Sie sich abends keine »aufregenden Tätigkeiten mehr vor. Lassen Sie den Abend italienisch gemütlich ausklingen. Schauen Sie sich einige Fotos vom Italienurlaub an. Können Sie den Geruch des Meeres noch riechen? Arbeiten Sie vor allem nicht bis spät in die Nacht. Wenn Ihnen nachts zu viele Gedanken und zu viele unerledigte Dinge im Kopf herum gehen, dann schaffen

Sie sich ein Tagebuch an und schreiben Sie diese Gedanken nieder, dann sind Sie aus Ihrem Kopf und Sie können in Ruhe schlafen.

Auch ein Basenbad am Abend wirkt entspannend und beschleunigt den Entsäuerungsprozess. Basenpulver für ein Basenbad erhalten Sie in der Apotheke. Geben Sie dazu etwa 170 g Badepulver in das warme Badewasser und bekommen dadurch einen mit Basen gesättigtes Badewasser. Der Basenüberschuss hilft nun, die Säuren über die Haut aus dem Körper zu leiten. Baden Sie mindestens 20 Minuten. Wenn Ihr Kreislauf es verträgt, können Sie bis zu 40 Minuten baden. Je länger, umso stärker wird die Säurenausscheidung. Wichtig ist, dass Sie danach nicht duschen, sich nur leicht abtrocknen und nicht eincremen. Die Haut fühlt sich samtweich an und Sie fühlen sich wie neugeboren. Ideal ist es, wenn Sie sich gleich ins Bett legen. Nach einem stressigen Tag ist ein Basenbad eine echte Entspannungsoase!

Der Mensch ist ein rhythmisches Wesen und lebt vom richtigen Wechsel zwischen Arbeit und Erholung. Fangen Sie in Ihrer Basenfastenwoche an, Ihren persönlichen Rhythmus wieder zu spüren.

Vielleicht sind Sie in den ersten Tagen müder als sonst, obwohl Sie so viel Schlaf haben wie zuvor. Vermutlich ist Ihr Schlafbedarf größer, als Sie bislang wussten und haben dies nie beachtet. Geben Sie Ihrem Körper, was er braucht und lassen Sie ihn anfangs mehr bzw. länger schlafen – auch das ist eine Art der Entsäuerung. Nutzen Sie dieses einfache und sehr effektive Heilmittel der Natur. Die beste Erholung bekommen wir im nächtlichen Schlaf. Hier sorgen der Stoffwechsel und die Leber für die Entgiftung, die Haut und das Nervensystem erholen sich vom Tagesstress. Übrigens: Der Schlaf vor Mitternacht hat eine größere Erholungskraft als der Schlaf nach Mitternacht. Versuchen Sie daher, während der Basenfastenwoche um 22 Uhr, spätestens aber um 23 Uhr zu Bett zu gehen. Für den reibungslosen Ablauf der Stoffwechselvorgänge in der Nacht ist das von großem Nutzen. So kann der Körper am nächsten Morgen die Säuren gut ausscheiden. Wenn Sie Schicht arbeiten, kann das für Sie im Laufe der Jahre zu einem echten Problem werden: Schlafstörungen, Stoffwechselstörungen und Depressionen können die Folgen sein. Die Symptome bessern sich meist erst, nachdem die natürlichen Schlafrhythmen wieder hergestellt wurden.

Italia amore mio: Lassen Sie den Computer (und den Fernseher) abends aus und besorgen Sie sich ein schönes Buch. Träumen Sie mit Commissaria Lauria Gottberg von Italien und ihrem Liebhaber aus Siena (Felicitas Mayall: Hundszeiten, Laura Gottbergs fünfter Fall, Rowohlt) oder lesen Sie den neuen Montalbano-Krimi, der wie kein anderer die wunderbare sizilianische Küche genießen kann (Die Flügel der Sphinx, Lübbe).

10 Wacker-Regeln für genussvolles basisches Essen

Auch wenn Sie diese Woche leicht und italienisch genießen dürfen, so gibt es doch einige Dinge zu beachten, die Ihnen die Basenfastenwoche zu einem besseren Erfolg werden lassen.

Bevor Sie sich voller Begeisterung über die mediterranen Rezepte hermachen, lesen Sie bitte aufmerksam die zehn goldenen Wacker-Regeln durch! Wenn Sie schon ein- oder mehrmals Basenfasten gemacht haben, sind diese Regeln Peanuts für Sie, und Sie können sofort loslegen.

Regel 1: Vorsicht im Umgang mit Rohkost

» Verdure fresche – Rohkost – ist die gesündeste Art, Gemüse und Obst zu essen, wenn Sie einen optimal arbeitenden Darm haben, der selten mit Blähungen reagiert und nie weh tut. Wenn das nicht der Fall ist, dann gehören auch Sie zu den Menschen, die geprägt sind von den Ernährungsgewohnheiten unserer Zeit.

Bereits in der dritten Generation werden unsere Nahrungsmittel bei ihrer Herstellung, Gewinnung und Verarbeitung so verändert, dass sie unser Verdauungssystem schwächen. Der dadurch zivilisationsgeschädigte Mensch verträgt eine reine Rohkost oft schlecht oder gar nicht. Auch Menschen, die aus anderen Gründen einen empfindlichen Darm, Lebensmittelallergien oder Unverträglichkeiten haben, sollten mit Rohkost vorsichtig sein. Es ist immer besser, Sie essen das, was Ihr Verdauungsapparat zur Zeit auch verarbeiten kann, als etwas, das Ihnen Schmerzen oder Probleme bereitet. Nach einer Basenfastenwoche und anschließender Ernährungsumstellung erleben viele Menschen, dass sie Rohkost wieder besser vertragen können.

Regel 2: Obst & rohes Gemüse nur bis 14 Uhr

» Das ist eine Umstellung für viele Menschen, vor allem für diejenigen, die italienisches Essen gewohnt sind. Dort ist man den Salat zum Fleisch im dritten oder vierten Gang und das Obst als Dessert. Überhaupt essen die meisten Menschen wild durcheinander – Rohkost gemischt mit gekochter Kost, zu jeder Tages- und Nachtzeit. Obst und rohes Gemüse sind aber nach 14 Uhr schwerer verdaulich. Das hängt mit dem Leberrhythmus zusammen. Auch sind die Verdauungszeiten von Rohkost, vor allem Obst, und gekochter Kost anders, und so kann es so leicht zu Blähungen kommen, wenn man Rohes nach Gekochtem isst. Vor allem Obst, nach einer warmen Mahlzeit gegessen, führt gerne zu Gärungen und dadurch zu Gasbildungen, die sehr unangenehm sein können. Auch Salat aus Rohkost am Abend belastet die Stoffwechselprozesse der Leber, die in der Nacht besonders aktiv sind.

◀ Nur bis zum frühen Nachmittag gibt's Zucchini roh, später dann als Antipasti oder al forno

Regel 3: Die letzte Mahlzeit vor 18 Uhr

» Das ist nun gar nicht italienisch. Dort fängt man doch erst um 20 Uhr mit essen an. Richtig, aber Sie müssen ja nicht alles wie die Italiener machen! Dass Südländer generell später essen und dies in der Regel so gut vertragen, hängt unter anderen damit zusammen, dass sie andere Erbanlagen haben und – gemäß meiner Einordnung in meinem Buch »Natürlich entgiften mit Schüßler-Salzen, Basenfasten und Co.« sogenannte Powertypen sind, die einen wesentlich leistungsfähigeren Stoffwechsel und Verdauungsapparat haben.

Wir »Nordlichter« haben diese Stoffwechselpower in der Regel nicht – daher gilt: So früh wie möglich und so wenig wie möglich abends essen! Wie schon gesagt, ist der Stoffwechsel der Leber in der Nacht besonders aktiv. Auch andere Entgiftungsorgane arbeiten am Abend und in der Nacht. Spätes und schwer verdauliches Essen behindert die allnächtliche Entgiftung und Entsäuerung des Organismus. Außerdem macht spätes Essen dick!

Italia amore mio: Wenn Sie die kulinarische Leidenschaft des Commissario Montalbano teilen wollen, dürfen Sie nicht verpassen, das Kochbuch »Andrea Camillieris sizilianische Küche« zu lesen (Martina Meuth, Bernd Duttenhofer, Lübbe Verlag).

Regel 4: Gemüse immer al dente

» Beim Basenfasten, aber auch generell sollte die zubereitete Nahrung so naturbelassen wie möglich sein, damit die wertvollen Vitalstoffe erhalten bleiben. Die schonendste Art der Gemüsezubereitung ist garen und dünsten – bis das Gemüse »al dente«, also zum Reinbeißen, ist. Anbraten sollte man so wenig wie möglich und wenn, dann nur kurz. Je länger Gemüse gekocht oder gedünstet wird, umso wertloser wird es für unseren Körper. Eine Möglichkeit, Gemüse schonend zu garen, ist der »Gemüsedämpfer«, ein Edelstahltopf mit Siebeinsatz, in dem das Gemüse nur durch den Dampf gegart wird. Dadurch, dass das Gemüse nicht im Wasser liegt, werden keine Mineralien ausgeschwemmt und das Gemüsearoma ist intensiver. Darüber hinaus ist diese Methode schnell und sauber. Bitte verwechseln Sie den Gemüsedämpfer nicht mit dem Dampfdrucktopf – den empfehle ich nicht! Das Dämpfen OHNE Druck im Gemüsedämpfer ist schonender als mit Druck!

Regel 5: So wenig wie möglich ...

» ... nur so viel wie nötig. Nicht nur in diesem Buch, auch in anderen Basenfasten-Büchern gehe ich mit den Mengenangaben bewusst locker um: eine Hand voll davon und zwei Hände voll davon. Der kreative Prozess des Kochens geht so und macht auch richtig Spaß. Es soll schließlich mit allen Sinnen gekocht werden und nicht primär mit dem rechnenden Köpfchen: Brauche ich davon jetzt 20 g oder lieber 22 g? Wenn Sie dann erst mal in den Abwieg- und Messstress kommen, damit Sie sich rein basische Rezepte zum Entsäuern kochen können, dann werden Sie allein durch den Stress wieder sauer. Basenfasten wird erst dann zum Gesundheitserlebnis, wenn Sie es schaffen, selbst ein Gefühl dafür zu entwickeln, wie viel Essen Sie jetzt gerade brauchen, damit Sie sich wohl fühlen. So stelle ich es Ihnen im Prinzip frei, ob Sie zum Mittag- oder Abendessen zwei oder fünf Kartoffeln essen. Trotzdem: Zu viel schadet immer.

Ein Tipp: Je kleiner die Portionen auf Ihrem Teller sind und je langsamer Sie essen, umso besser spüren Sie, wann Sie satt sind. Und ich kann Ihnen versichern: Das ist früher, als Sie denken! Beenden Sie Ihre Mahlzeit, bevor Sie sich ganz satt fühlen. Dies funktioniert am besten, wenn Sie während der Mahlzeit Ihr Tempo drosseln und gründlich kauen (siehe Regel 10, Seite 41). Das Sättigungsgefühl setzt eben meist erst nach einigen Minuten ein. Auf diese Art entlasten Sie automatisch den Stoffwechsel.

Regel 6: Nicht zu viel Mitschi-Matschi essen

» Essen Sie nie zu viele verschiedene Obst- und Gemüsesorten in einer Mahlzeit. Für den Darm ist es viel entlastender, wenn er nicht ständig eine sehr große Vielfalt von Nahrung angeboten bekommt. Entlasten heißt auch: einfacher essen. Einfacher essen heißt auch: Nicht so viel mischen und durcheinander essen. Dazu kommt: Wenn Sie immer nur zwei oder drei Gemüsesorten wählen, haben Sie wesentlich mehr Geschmackserlebnis, als wenn Sie fünf oder mehr Sorten mischen. Im Fall einer Unverträglichkeit einer Obst- oder Gemüsesorte fällt es ihnen so auch leichter, das unverträgliche Lebensmittel zu entlarven.

Regel 7: Würzen Sie mit Gefühl

» Abgesehen von Knoblauch und Bärlauch sind alle bekannten Gewürze beim Basenfasten erlaubt, allerdings nicht im Übermaß. Es kommt darauf an, eine runde harmonische Würzung zu erreichen. Ein übersalztes Gemüsegericht ist nicht so ideal. Möglich, dass Ihre Geschmacksknospen sich anfangs noch ein wenig umgewöhnen müssen, bis sie die Feinheiten einer dezenten und harmonischen Würzung wahrnehmen können. Lassen Sie sich Zeit, aber würzen Sie dezent. Wenn Sie wenig würzen und das Gemüse schonend – etwa im Gemüsedämpfer – zubereiten, dann haben Sie ein viel vollkommeneres Geschmackserlebnis, weil der Eigengeschmack des Gemüses mehr hervortritt.

Wenn Sie zu stark würzen, irritiert das Ihre Geschmacksnerven weiterhin und lässt Sie das Gefühl für Sättigung verlieren. Auch ist es nicht ganz egal, welches Gewürz Sie verwenden. Salz sollten Sie so sparsam wie möglich einsetzen. Besser ist es, ein Kräutersalz ohne Geschmacksverstärker wie Glutamat oder einzelne Kräuter zu benutzen.

SALVATA

» Das Meer ist doch ein großer Anblick! «
(Johann Wolfgang von Goethe, Italienische Reise)

Frische Kräuter haben den intensivsten Geschmack und darüber hinaus einen höheren Vitamingehalt. Auch frische Sprossen dienen der Geschmacksverfeinerung.

Regel 8: Con gusto und wonach Ihnen ist

» Con gusto – nämlich mit Appetit können Sie nur essen, wenn Ihnen auch wirklich nach dem ist, was Sie da gerade essen wollen. Daher mein Tipp: Lesen Sie die Rezepte im Rezeptteil genüsslich durch, stellen Sie sich vor, wie eine Peperonata auf Ihrer Zunge zergeht. Lassen Sie sich von den Fotos inspirieren. Welches macht Ihnen am meisten Appetit? Und wenn Sie dann Lust auf einige Rezepte haben, gehen Sie über den Markt, suchen Sie das Obst und Gemüse Ihrer Wahl aus und prüfen Sie noch mal, ob Ihnen das, was da angeboten wird, auch zusagt. So wird diese Woche zum Genuss. Buon appetito!

▼ Voll ausgereifte und sogar wilde Feigen aus Italien gibt es auch bei uns zu kaufen – meist ab Anfang August

Regel 9: Essen Sie mehr Gemüse als Obst

» Essen Sie deutlich mehr Gemüse als Obst. Der Anteil von Obst am Gesamtessen pro Tag sollte 20 Prozent nicht überschreiten, und der Anteil von Gemüse sollte bei 80 Prozent liegen. Denn Gemüse hält länger satt. Außerdem: Obst enthält sehr viel Zucker, viel Wasser und wird dadurch auch schneller durch die Verdauungswege geschleust als Gemüse. Trifft das Obst im Darm auf noch nicht verdautes Gemüse (oder im Fall von Nichtbasenfasten auf Käse, Fleisch und Wurst), dann fängt das Obst an zu gären. Das liegt auch am hohen Zuckergehalt des Obstes. Die Gärung erzeugt Blähungen, unter deren unangenehmen Auswirkungen viele Menschen leiden. Das ist insbesondere dann der Fall, wenn die Bakterienzusammensetzung im Darm nicht in Ordnung ist – man spricht von einer Dysbiose. Es ist daher sinnvoll, Obst und Gemüse im Verhältnis 20/80 zu verzehren. Vor allem, wenn sie einen empfindlichen Magen und Darm haben und leicht zu Blähungen neigen, sollten Sie Gemüse bevorzugen. Dabei sollte die Obstmahlzeit am Vormittag liegen und die Gemüsemahlzeiten am Mittag und am Abend.

Und: Obst und Gemüse sollte immer reif sein. Es ist richtig – nur reifes Obst und Gemüse werden basisch verstoffwechselt. Übrigens: Im Sommer können viele Menschen einen höheren Obstanteil in der Nahrung besser vertragen als im Winter. Das mag daran liegen, dass der Stoffwechsel im Sommer generell aktiver ist und insgesamt besser verdauen kann.

Regel 10: Piano, piano, kauen Sie gründlich

» Piano, piano: immer schön langsam – essen und kauen. Das ist eigentlich die wichtigste Regel, denn sie ist die halbe Miete zum Erfolg.

Dabei wird gerade die Regel am wenigsten beachtet. Doch wer kennt ihn nicht, den Spruch: »Gut gekaut ist halb verdaut«? Gründliches Kauen ist kein Privileg des Basenfastens. Sie sollten es eigentlich immer tun. Schon F.X. Mayr erhob das richtige Kauen zu einem Grundsatz seiner Mayr-Kur. Aber was heißt gründlich kauen? Nehmen wir einen dünnen Apfelschnitz – 2 cm dick – als Beispiel: Sie sollten ihn mindestens 30-mal kauen. Fortgeschrittene schaffen 60- bis 80-mal! Was bringt das?

Es sind zwei Dinge, die Sie durch gutes Kauen erreichen: zum einen beginnt die Verdauung im Mund. Je länger Sie kauen und damit den Apfel einspeicheln, umso besser wird er vorverdaut und umso besser kann er im Darm weiter verarbeitet werden. Wenn sie lange und gründlich kauen, werden sich auch weniger Blähungen entwickeln. Das zweite, was Sie durch gutes Kauen erreichen, ist: Sie essen automatisch weniger. Denn es ist sehr zeitaufwändig und anstrengend, richtig zu kauen. Und es macht schneller satt.

Nehmen Sie immer nur kleine Portionen in den Mund – so fällt das gute Kauen leichter. Kontraproduktiv sind hier die Tischgespräche, wie sie in deutschen wie in italienischen Familien üblich sind. Purtroppo (leider)! Wenn Sie schweigend und konzentriert essen, klappt es mit dem Kauen in jedem Fall besser.

Ihre italienische Basenfastenwoche

Für uns und unser Italienfeeling sind die klassischen Sommergemüse und ihre typischen Gewürze das, was uns mit italienischer Küche verbindet. Doch die Italiener essen genauso Kohl, Kürbis, Lauch und Kohlrabi wie wir im Winter.

Eine basische italienische Woche stellt den Anfänger der basischen Küche vor ähnliche Probleme wie in Deutschland: In der deutschen Küche fallen Ihnen zunächst nur Kartoffeln, Karotten, Lauch und Bohnen ein. In der italienischen Küche sind es Tomaten, Zucchini und Auberginen – immer mit Olivenöl zubereitet. Ich stöbere seit Jahren in italienischen Kochbüchern, Zeitschriften und in den zunehmend auftauchenden Büchern mit ricette leggere (leichten Rezepten), die dann doch immer fantasievolle Gemüsegerichte zum Vorschein bringen. Und selbst in einem Standardwerk italienischer Küche finden sich durchaus Gerichte aus Kürbis, Fenchel, Lauch, Bohnen und vielen anderen Gemüsesorten der Saison. Und auch der Kohl ist in Italien sehr heimisch – in Form von Blumenkohl, Brokkoli, Kohlrabi. In meinen Rezepten für dieses Buch habe ich eine Mischung daraus gemacht, damit Sie eine möglichst abwechslungsreiche Basenfastenwoche genießen können.

Eine Woche lang nur Tomaten, Zucchini und Auberginen?

» Kaum ein italienisches Gericht ist ohne Tomaten, Auberginen oder Zucchini zubereitet – Sommergemüse, die bei uns nur eine kurze Saison haben. Und: Sie sind fast immer mit Olivenöl zubereitet – das macht im Wesentlichen das Italienische aus. In Italien ist der Sommer länger, daher auch die Saison für alle Sommergemüse und Obstsorten. Hier

INFO

Beliebte Basenbildner in Italien

Obst: Äpfel, Bananen, Brombeeren, Erdbeeren, Feigen, Heidelbeeren, Himbeeren, Honigmelonen, Johannisbeeren, Oliven, Orangen, Pampelmusen, Pflaumen, Trauben, Wassermelonen, Zitronen
Gemüse: Auberginen, Blumenkohl, Brokkoli, Fenchel, grüne Bohnen, Karotten, Knollensellerie, Kohlrabi, Kürbis, Lauch, Mangold, Paprika, Peperoni, Spinat, Staudensellerie, Zucchini, auch mit Zucchiniblüten, Zwiebeln
Pilze: Champignons, Steinpilze, Morcheln, Trüffeln, aber auch je nach Region Waldpilze wie Herbsttrompeten, Krause Glucke oder Pfifferlinge
Salat: Batavia, Lollo rosso und bianco, Romanasalat, Radicchio, Kopfsalat, Rukola, Feldsalat
Kräuter: Basilikum, Chilli (Peperoncino), Oregano (wilder Majoran), Petersilie (Prezzemole), Pfeffer, Piment, Salbei, Thymian

finden Sie die am häufigsten verwendeten Obst- und Gemüsesorten – ja, auch Kürbis und Fenchel gehören dazu!

Italia amore mio: **Wie sehr man in Italien mit Gemüse verwachsen ist, zeigen Redensarten wie diese: »Non me ne importa un cavolo« – Das ist mir keinen Kohlkopf wert. In Deutschland würde man sagen: »Das ist mir Wurst«. Oder auch: »Non sono i miei cavoli« – Das sind nicht meine Kohlköpfe. In Deutschland: »Das ist nicht mein Bier«.**

Auberginen – Melanzane

» In Italien finden Sie ganze Zeitschriften, in denen nur Auberginenrezepte zu finden sind. Wenn Sie bislang keine Erfahrungen mit Auberginen gesammelt haben, dann sollten Sie eines der vielen Rezepte in diesem Buch mal probieren. Selbst wenn Sie einmal Auberginen gegessen haben und sie haben Ihnen nicht geschmeckt – geben Sie ihnen eine zweite Chance. Mein Sohn Matteo mochte sie nie, bis er eines Tages Melanzane al Parmigiano (Auberginenauflauf mit Parmesan) gegessen hat – seither liebt er sie – je nach Zubereitung).

◀ Lieben Sie es auch, auf italienischen Bauernmärkten einzukaufen? Wo die Auberginen superaromatisch schmecken?

» Die Fülle der Pflanzen – und Fruchtgehänge über Mauern und Hecken, an Bäumen herunter, ist unbeschreiblich.«

(Johann Wolfgang von Goethe, Italienische Reise)

INFO

Auberginen salzen oder nicht?

Selbst Kenner streiten sich auch darüber, ob man Auberginen zuerst salzen sollte oder erst nach dem Anbraten. Tatsache ist, dass Auberginen viel Öl aufsaugen, wenn man sie nicht vorher salzt. Ich habe mich mit italienischen Köchen darüber unterhalten und keine eindeutige Antwort erhalten. Es bietet sich an, sie zuerst zu salzen, denn dadurch benötigt man weniger Öl. Auch sagen manche, die Bitterstoffe aus der Schale würden so besser entzogen werden. Dem steht gegenüber, dass man neben den Bitterstoffen damit auch andere wertvolle Inhaltsstoffe entzieht. So empfehlen manche Köche, eine Pfanne mit Salz auszustreuen und danach die Auberginen darin anzubraten, andere wiederum salzen während oder nach der Brat- oder Garzeit. Mein Tipp: Probieren Sie es aus und schauen Sie, was Ihnen besser schmeckt.

Es gibt wie bei allen Gemüsearten verschiedene Sorten: die bei uns übliche Black beauty (belezza nera), die Mostruosa di New York – eine riesige runde Aubergine, die ich auf Stromboli gesehen habe, die Violetta di Firenze (hellviolette aus Florenz, la Larga morada, eine violettgestreifte, die eigentlich aus Spanien kommt) und viele andere Sorten. Sie haben unterschiedliche Aromen, was wie bei allen Obst- und Gemüsesorten auch vom Reifezustand abhängt.

Übrigens: Auberginen werden nicht geschält, obwohl je nach Sorte, die Schale etwas bitter schmecken kann. Ich empfehle Ihnen, sie in dünne Scheiben zu schneiden, damit das bittere Aroma der Schale nicht so dominant wird.

Zucchini – Zucchine

» Sie sind in Italien mindestens so beliebt wie Auberginen und haben seit Jahren auch in Deutschland an Beliebtheit gewonnen. Auch hier gibt es eine immer größer werdende Sortenvielfalt. Manche Gärtner freuen sich über monströse Riesenzucchini in ihren Gärten, die leider ein minimales Aroma haben. Solche verwende ich höchstens für Suppen. Wenn Sie leckere Antipasti aus Zucchini herstellen wollen, sollten Sie die kleinen schlanken nehmen – beispielsweise die Striata d'Italia. Es gibt auch gelbe Zucchini, deren Aroma mich bislang nicht so überzeugt hat, und es gibt kleine runde Zucchini, die für jedes Büffet eine gute Dekoration sind – mit Gemüse gefüllt sind sie ganz basisch.

In Italien findet man im Frühsommer häufig sehr kleine, dünne Zucchini, die noch ihre Blüte dran haben – eine Delikatesse. Zucchiniblüten kann man auch separat kaufen – oder im Garten ernten. Die müssen Sie unbedingt probieren – lesen Sie im Rezeptteil nach, wie das geht.

Tomaten – Pomodori

» Was wäre die italienische Küche ohne Tomaten? In der Tomatensauce, im Salat, mit Zwiebeln und Gewürzen auf dem Brot in Form von Bruschetta, mit Mozzarella als Caprese, in der Lasagne und natürlich auf der Pizza. Alles nicht so basisch, aber keine Sorge, es gibt jede Menge basischer Rezepte mit Tomaten. Die Sortenvielfalt bei Tomaten ist so riesig, dass sie gar nicht mehr überschaubar ist. Ich persönlich bevorzuge kleinere Tomaten, vor allem Eiertomaten, weil sie in der Regel das bessere Aroma haben. Bei Tomaten ist es extrem wichtig, dass sie reif sind, und das ist leider selbst in Italien immer seltener der Fall. Gerade vorgestern hatte ich mittags einen Salat, bei dem ich die halbgrünen

Tomaten zurückgehen ließ und gemeckert habe. Immerhin ist gerade Ende August und ich bin in Italien! Und wie herrlich schmecken sonnengereifte, noch von der Sonne erwärmte Tomaten, in die man einfach so reinbeißt! Achten Sie daher beim Kauf von Tomaten darauf, dass sie wirklich reif sind – am besten auf einem Wochenmarkt kaufen, kleine Bauernstände haben oft die besten Tomaten.

Basenfastenkenner wissen, dass Tomaten nicht zu sehr erhitzt werden sollten, um basisch zu bleiben. Drücken Sie ein kleines italienisches »Non fa niente Auge« zu, denn ohne Tomaten geht in der italienischen Küche wirklich nichts.

Italia amore mio: Haben Sie schon mal erlebt, wie im Spätsommer Tomatenpassata in Italien gekocht wird? Man kann das in ländlichen Gegenden, z. B. in Bergdörfern in Süditalien erleben: Da hocken die Familien in ihren Hinterhöfen und konservieren so ihre letzten Tomaten. In riesigen Pfannen köcheln die Pomodori vor sich hin, und die Passata wird dann in Flaschen abgefüllt – als Vorrat für den Winter.

Oliven – Olive

» Auch Oliven dürfen in der italienischen Küche nicht fehlen. Sie sind so vielfältig einsetzbar für Antipasti, zu Gemüsegerichten, in Aufläufen, Salaten oder einfach nur so als basischer Snack zwischendurch. Oliven sind ideal fürs Basenfasten und immer dann passend, wenn Sie Lust auf etwas Herzhaftes haben. Mögen Sie Oliven nicht, weil Sie sie einmal probiert und Ihnen nicht geschmeckt haben? Dann war es vielleicht nur die falsche Sorte. Ich esse Oliven sehr gerne, aber mag längst nicht alle Sorten und Zubereitungen. Meist sind Oliven in Öl oder in

◀ Manche Öle haben ein Zitronen- oder Orangenaroma, manche einen Hauch von Avocado, andere sind wieder sind leicht pfeffrig

Salzlake eingelegt – mit mehr oder weniger guten Gewürzen. Auch gibt es unglaublich viele Sorten. Ob sie grün oder schwarz sind, hängt vom Reifegrad der Oliven ab: grün sind sie unreif, tiefviolett sind sie reif. Sind sie schwarz, eigentlich tiefschwarz, dann sind sie einfach nur gefärbt und gar nicht mehr so gesund. Denn dann wurden sie mit Chemikalien, wie Eisenglukonat gefärbt und dies kann zu Störungen bei der Verdauung und zu Bauchschmerzen führen, wenn Sie größere Mengen essen.

Es gibt unzählige Olivensorten – man geht von ca. 250 Sorten aus. Beliebte Sorten sind die griechischen grünen oder schwarzen Kalamati und Manaki, die kleinen schwarzen Nizzaoliven mit einem köstlichen Aroma, die Tonda Iblea aus Italien, grüne Piccholine aus Südfrankreich, grüne Manzanilla aus Spanien, die sehr delikate schwarze Taggiasca aus Italien, die fruchtigen Mortino, Leccino und Frantoio aus Italien. Hier gibt es viel zu entdecken. Geben Sie sich nicht mit der ersten Olivensorte zufrieden, die Ihnen begegnet.

INFO

Molto italiano: Olivenöl

Olivenöl wird neutral verstoffwechselt und ist ideal beim Basenfasten, denn Öle sind eine natürliche Geschmacksverstärkung für jedes Gericht. Es gibt zahlreiche Olivenölsorten, die sich nicht nur in der Qualität, sondern auch im Geschmack unterscheiden. Ich habe immer mehrere Sorten zu Hause. Wenn Sie auf einer Messe oder auf einem Markt die Gelegenheit zu einer Olivenölverköstigung haben, nutzen Sie diese. Es ist köstlich, dem Aroma der Öle nachzuspüren – da kommt keine Weinprobe mit.

Am besten gleich mehrere Sorten

Ich selbst habe immer mehrere Sorten zu Hause. Sie sollten auch immer eine Sorte haben, die einen geringeren Anteil an ungesättigten Fettsäuren enthält und die damit zum Braten geeignet ist und ein hochwertiges mit einem hohen Anteil (meist um die 80 Prozent) an ungesättigten Fettsäuren, die sich für Salate, Pesto und zum Drüberträufeln nach dem Kochen eignen. Je höher der Anteil der ungesättigten Fettsäuren ist, umso gesünder ist das Öl, ist aber auch nicht mehr so hitzebeständig. Wenn es sich zersetzt, entstehen die ungesunden Transfettsäuren. Achten Sie daher darauf, welche Qualität Sie für Salate und welche zum Kochen verwenden.

Italia amore mio: Vielleicht haben Sie sogar noch einen Rest Olivenöl aus dem letzten Italienurlaub im Küchenschrank? Falls nicht, sollten Sie sich für die Basenfastenwoche eine delikates Olivenöl aus Italien gönnen. Seine Farbe muss grünlich schimmern, daran erkennen Sie die erste, die beste Pressung. Aus Ligurien oder Sizilien stammen hervorragende Öle, lassen Sie sich am besten bei einem Direktimporteur beraten.

Paprika – Peperone

» Klassiker der italienischen Küche wie »Peperonata« oder »Caponata« weisen darauf hin, wie wichtig auch Paprika in der italienischen Küche ist. Neben den gelben, roten und grünen Paprikaschoten, die wir kennen, gibt es auch rote milde Spitzpaprika, hellgrüne milde runde Dolmapaprika und hellgrüne milde spitze Charly- oder Charlestonpaprika. Auch als Gewürz, als Paprikapulver aus roter Paprika und als Peperoncino (Chili ist auch eine Paprikaverwandte) findet Paprika Verwendung in Salaten, auf Pizzen, in Gemüseragouts, in Salsa und als Antipasti.

Zwiebeln – Cipolle

» Kaum ein Gericht in Italien ist ohne Zwiebeln. Weitverbreitet, vor allem in Süditalien, sind rote Zwiebeln. Zwiebeln bereichern jedes Gemüsegericht – auch beim Basenfasten. Wenn Sie einen empfindlichen Verdauungstrakt haben, dann lassen Sie bei den Rezepten die Zwiebeln

▲ Ab Juli gibt es die wunderbar aromatischen roten Zwiebeln aus Tropea

INFO

Knoblauch verträgt sich nicht mit Basenfasten

Wenn Sie Basenfasten bereits kennen, dann wissen Sie, dass Knoblauch beim Basenfasten tabu ist. Aber nun, in der italienischen Küche, da geht es doch wirklich nicht ohne – oder? Keine Sorge, Sie brauchen Knoblauch genauso wenig wie ein Glas Wein zum Mittagessen, um sich italienisch zu fühlen. Warum mag ich den eigentlich nicht sauren Knoblauch so wenig? Knoblauch ist in meinen Augen ein Geschmacksegoist. Er lässt kaum ein anderes Aroma neben sich zu. Die Engländer sagen dazu in ihrer feinen Art: »He makes too much of itself«. Und beim Basenfasten – besonders all'Italiano – geht es doch gerade um den Genuss und um das Geschmackserleben der vielfältigen Aromen. Der in südlichen Ländern so beliebte Knoblauch findet daher in den reinen Basenfastenrezepten keine Verwendung.

einfach weg. Da sie so sehr italienisch und auch basisch sind, habe ich sie in viele Rezepte eingebaut.

Kräuter und Keimlinge

» Die italienische Küche ist voller aromatischer Mittelmeerkräuter. Allen voran Basilikum, aber auch Oregano (wilder Majoran), Petersilie (Prezzemole), Salbei und Thymian. Im Sommer sollten Sie daher immer mehrere Töpfe mit diesen oder anderen Kräutern auf dem Balkon, auf der Fensterbank oder im Garten haben. Wenn Sie Basenfasten bereits kennen, wissen Sie, welche Vorliebe ich für frische Keimlinge habe. Verwenden Sie diese, so oft Sie wollen. Keine Frage, in dieser italienisch angehauchten Basenfastenwoche habe ich auf Sprossen verzichtet, da sie in Italien noch sehr unbekannt sind.

Lediglich Brunnenkresse findet man hin und wieder in einigen Rezepten. Da man in Italien aber so viele frische Kräuter verwendet, finde ich, dass sie einen relativ guten Ersatz dafür bieten. Im Sommer empfehle ich ohnehin, frische Kräuter den hitzeempfindlichen Keimlingen vorzuziehen. Frische Keimlinge sind im Winter die ideale Vitaminfabrik auf der Fensterbank.

Basenfasten bei Ihrem Italiener um die Ecke

» Haben Sie schon Lust, ein wenig italienisch basisch zu leben, aber Ihre Lust und Energie reicht nicht für eine ganze Woche? Machen Sie einen Kompromiss und gehen Sie basisch essen bei Ihrem Italiener um die Ecke. Auf der Karte finden Sie wenig Basisches, aber Sie können nachfragen. Ein Salat ohne Schinken, Käse und Ei – was eh ziemlich eingedeutscht ist, denn in Italien sehe ich so was nie. Eine Gemüseplatte – doch was bestellt man da, wenn der Kellner nicht so recht deutsch versteht? Wenn Sie im italienischen Restaurant Gemüse bestellen wollen, müssen Sie nach Verdure fragen.

Sollten Sie auf der Karte Verdure fresche lesen – erwarten Sie kein frisches Gemüse. Der Kellner bringt Ihnen dann einen nicht angemachten Salat oder führt Sie an ein Salatbüfett. Was Gemüsegerichte angeht, sind die meisten italienischen Restaurants sehr einfach strukturiert. Verdure bolite, das sind gekochte Gemüse, die man mit etwas Olivenöl serviert bekommt. Meist werden dazu Karotten, Blumenkohl, Brokkoli, Mangold oder Spinat verwendet. Verdure alla griglia sind gegrillte Gemüse, die meist einen hässlichen und ungesunden verkohlten

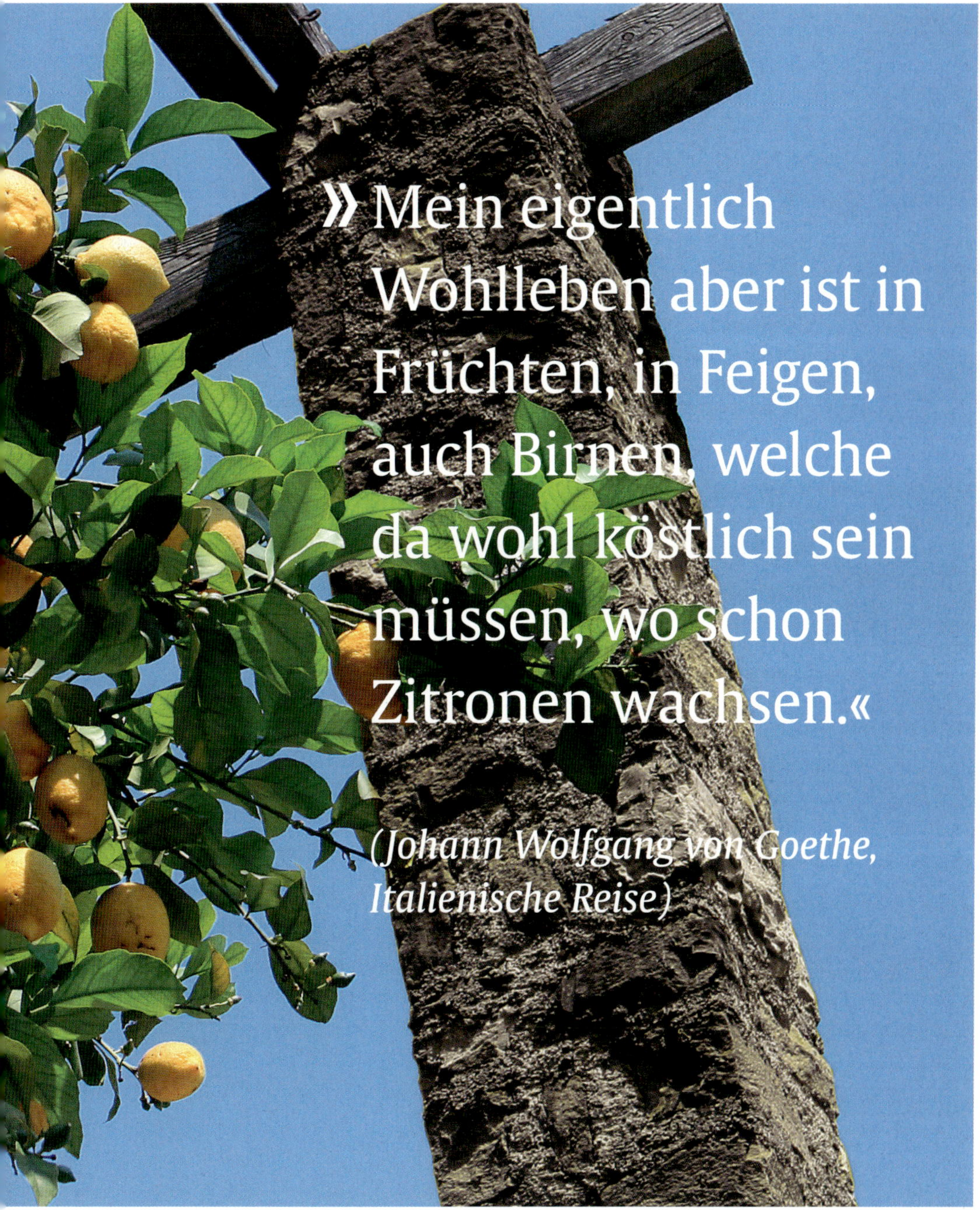

» Mein eigentlich Wohlleben aber ist in Früchten, in Feigen, auch Birnen, welche da wohl köstlich sein müssen, wo schon Zitronen wachsen.«

(Johann Wolfgang von Goethe, Italienische Reise)

Grillstreifen aufweisen. Verwendet werden dazu in der Regel Paprika, Zucchini und Auberginen. Die private italienische Küche ist hier etwas phantasievoller und hat einiges mehr an Gemüsevariationen zu bieten. Dennoch kann so ein Tag im Restaurant basisch ausfallen – nur leider der Espresso danach ist zu sauer – der ist an einem Basenfastentag tabu. Trinken Sie lieber ein Aqua naturale – ein stilles Wasser. Übrigens: Wenn Sie ein wenig italienisch mit dem Kellner reden, sorgt auch das für Italienstimmung.

Italia amore mio: **Wenn ich keine Zeit zum Kochen habe und dringend ein wenig Italienfeeling brauche, gehe ich zu meinem Italiener in unserem Viertel, bestelle einen Salat mit geraspelten Karotten und Oliven, eine Gemüseplatte mit etwas Olivenöl und unterhalte mich ein wenig mit den Besitzern. Wenn Sie diesen Tag zu Hause machen, haben Sie den Vorteil, dass Sie eine größere Auswahl an Gemüse und Salat zur Verfügung haben als im Restaurant, müssen dies aber vorher einkaufen und der Aufwand ist größer. Tun Sie das, womit Sie sich wohler fühlen und was gerade besser passt – auch das ist Dolce Vita!**

Der italienische Basenfastentag zu Hause

» Zu Hause können Sie Ihrer Phantasie beim basischen Essen freien Lauf lassen. Suchen Sie sich aus dem Rezeptteil die Ideen raus, die Sie am meisten locken und legen Sie los. Viel Spaß und guten Appetit.

Ihr Basenfastentag all'italiano

Frühstück: Frisches Obst der Saison oder ein frisch gepresster Saft. Mein Vorschlag: Macedonia di fica e pera (Obstsalat mit Feige und Birne).

Zwischenmahlzeit: Wenn Sie Hunger verspüren, trinken Sie erst mal ein Glas Wasser oder eine Tasse Tee. Reicht das nicht aus, dann ist ein reifer Pfirsich oder eine Karotte eine gute Zwischenmahlzeit.

Mittagessen: Ein knackiger Salat – möglichst roh und mit vielen frischen Kräutern – gehört auf den Mittagstisch. Mein Vorschlag: Insalata capricciosa con patatine (Salat nach Lust und Laune mit Kartöffelchen).

Zwischenmahlzeiten müssen nicht sein, sind aber erlaubt. Am Nachmittag sollten Sie keine Rohkost mehr essen. Dafür sind Mandeln und Oliven erlaubt und was ist italienischer, als einige Oliven zu knabbern? Und: Auch das Trinken nicht vergessen!

Abendessen: Hier geht es nicht so italienisch zu, denn Sie sollten bis 18 Uhr essen – und poco (wenig). Dafür lassen die leckeren Antipasti und Suppen italienisches Gefühl entstehen. Mein Vorschlag: Zucchine al limone e olive nere (marinierte Zucchini mit Oliven, S. 84).

Getränke: Trinken Sie zwei bis drei Liter Quellwasser pro Tag, je nach Jahreszeit warm oder kalt. Auch stark verdünnte Kräutertees sind ideal.

Wenn Sie nur einen Tag lang Basenfasten machen, quasi zum Reinschnuppern, dann müssen Sie Ihren Darm nicht unbedingt reinigen. Wenn Sie das Bedürfnis danach haben, dann lesen Sie bitte ab Seite 11 nach, wie es funktioniert. Ein Bewegungsprogramm sollten Sie sich allerdings für diesen Tag zurechtlegen. Wenn Sie völlig erledigt sind, dann buchen Sie eine Massage und lassen Sie das Bewegungsprogramm für diesen Tag sausen. Morgen ist auch noch ein Tag… Und wie hat Ihnen dieser Tag gefallen? Wollen Sie mehr davon? Das ist gar kein Problem. Verlängern Sie – um einige Tage oder um ein bis zwei Wochen. Wie Sie wollen.

Die italienische basische Woche

Haben Sie nun doch Lust bekommen, gleich eine ganze Woche Basenfasten all'italiano zu machen? Nur zu, die vielen leckeren Rezepte reichen für mehr als eine Woche.

Das Basenfasten-Programm

Frühstück

Frisches Obst der Saison ist das ideale Frühstück. Je nach Jahreszeit können Sie einfach einen Pfirsich oder einige frische Feigen essen oder aber sich ein leckeres basisches Müsli zubereiten. Ein frisch gepresster Saft ist ein besonders vitalstoffreicher Energieschub am Morgen. Und nicht vergessen: Behandeln Sie den Saft, als würden Sie ihn essen: Schluck für Schluck – langsam »kauen«, damit die Verdauungsenzyme im Mund an ihr Werk gehen können.

Mittagessen

Der tägliche Salat – möglichst roh und mit vielen frischen Kräutern – sollte das Entree jedes Mittagessens sein – nicht nur beim Basenfasten. Wenn Ihnen ein Salat nicht ausreicht, können Sie im Anschluss noch eine kleine Gemüseportion – roh oder gekocht essen. Wenn Sie keine Rohkost vertragen, können Sie auch einen Salat aus gekochtem Gemüse oder ein Gemüsegericht essen.

Abendessen

Gestalten Sie das Abendessen – bis 18 Uhr – nicht zu üppig. Je nach Jahreszeit bieten sich Gemüsesüppchen oder ein kleines gedünstetes Gemüsegericht an.

Zwischenmahlzeiten

Zwischenmahlzeiten müssen nicht sein, sind aber erlaubt. Wenn Sie zwischendurch Hunger oder Knabbergelüste bekommen, trinken Sie erst mal einen Schluck Wasser oder Kräutertee. Erst wenn das nicht ausreicht, können Sie einige Mandeln, Trockenfrüchte oder Oliven essen.

Getränke

Trinken Sie zwei bis drei Liter pro Tag Quellwasser, je nach Jahreszeit warm oder kalt. Auch stark verdünnte Kräutertees sind ein ideales Getränk.

Darmreinigung

Reinigen Sie Ihren Darm alle zwei bis drei Tage mit Glaubersalz, mit einem Einlauf oder mit Colon-Hydro-Therapie – auch dann, wenn Sie während des Basenfastens jeden Tag Stuhlgang haben.

Bewegung

Überlegen Sie sich rechtzeitig Ihr tägliches Bewegungsprogramm. 30 bis 45 Minuten sollten Sie dafür einplanen. Wenn Sie ein Bewegungsmuffel sind, steigern Sie ihre sportliche Aktivität langsam – Schwimmen, Gehen und Walken sind gute Anfängermethoden.

Sonstige Maßnahmen

Schaffen Sie sich Erholungsinseln im Alltag – ein Spaziergang im Wald, eine Ayurvedamassage, ein Basenbad am Abend. Und: Machen Sie Stress-Inventur! Was stresst Sie am meisten in Ihrem Leben? Gehen Sie den Ursachen auf den Grund und stellen Sie ein Anti-Stress-Programm auf.

Basenfasten mit italienischer Leichtigkeit

Um Italien auch zu Hause zu genießen, brauchen Sie weder Pizza noch Nudeln. Die rein basischen Rezepte schmecken alle molto italiano und sorgen dafür, dass Sie langfristig wieder in eine ausgeglichene Säuren-Basen-Balance kommen.

Frühstücksideen all'italiano

» Keine Frage, das klassische italienische Frühstück ist alles andere als basisch: Ein Cappuccino, ein oder zwei Cornetti alla crema – das sind mit Vanillecreme gefüllte Hörnchen. Eine Obstmahlzeit, wie wir sie als basisches Frühstück empfehlen, verzehren die Italiener höchstens nach ihrem Mittagessen. Beliebt sind Äpfel, Birnen, Pfirsiche, Melonen, auch Wassermelonen, Trauben, Himbeeren, Erdbeeren und Feigen. Hier finden Sie eine Auswahl leckerer basischer Frühstücksideen mit Italienfeeling.

Frullato di pesca Pfirsichmix

Für 2 Personen

4 reife Pfirsiche
2 mittelgroße Saftorangen
einige Pfefferminzblätter

- Die Pfirsiche waschen, entkernen und mit den Pfefferminzblättern in den Mixer geben. Die Saftorangen mit einer Zitruspresse entsaften und den Saft nach und nach zu dem Pfirsichsaft in den Mixer geben und vermischen.

... und nach dem Basenfasten

Beginnen Sie Ihren Morgen mit einem selbst hergestellten Pfirsichsaft. Im Lauf des Vormittags können Sie dann einen Naturjoghurt mit etwas Hirseflocken oder Erdmandelflocken essen. Das typisch italienische Cornetto alla crema – ein Croissant mit Vanillecremefüllung – ist leider völlig überzuckert und säurebildend. Lassen Sie das die Ausnahme sein – einmal die Woche am Samstag beispielsweise.

Feige und Honigmelone mit Mandeln

Fica e melone con mandorle

- Die Honigmelone halbieren, die Kerne mit einem Löffel herausschaben und das Fruchtfleisch in kleine Würfel schneiden. Die Feigen waschen, den Stiel abschneiden, die Feige der Länge nach in Schnitze schneiden und zu den Honigmelonenwürfeln geben. Mit gehackten Mandeln bestreut servieren.

... und nach dem Basenfasten
Sie geben 2 EL Haferflocken dazu, aber mischen Sie keinen Joghurt darunter. Wenn Sie gerne Joghurt zum Frühstück mögen, dann essen Sie ihn lieber etwas zeitlich versetzt. So ist er mit dem Obst besser verträglich.

Für 2 Personen

4 blaue frische reife Feigen
1 kleine Honigmelone
1 EL gehackte Mandeln

Obstsalat mit Feige und Birne

Macedonia di fica e pera

- Die Birnen waschen, vierteln, das Kerngehäuse entfernen und die Birnen in kleine Scheiben schneiden. Die Feigen waschen, den Stiel abschneiden, die Feigen der Länge nach in Schnitze schneiden und zu den Birnenscheiben geben. Die Zitronenmelisseblätter waschen und klein gezupft über das Obst geben.

... und nach dem Basenfasten
Geben Sie einige Pinienkerne oder Pistazien dazu. Beide sind nur leicht säurebildend, sodass Ihr Frühstück immer noch sehr basenreich ist.

Für 2 Personen

4 blaue frische reife Feigen
2 kleine reife Birnen
einige Blätter frische Zitronenmelisse

Melonenschiffchen — Barchette di melone

Für 2 Personen

4 Schnitze einer Honigmelone
1 reife Nektarine
1 Banane
10 reife Erdbeeren
einige Pfefferminzblätter

- Die Nektarine waschen, entkernen und in kleine Würfel schneiden. Die Banane schälen und in Scheiben schneiden. Die Erdbeeren waschen, abzupfen und halbieren. Die Kerne der Melone entfernen und die Früchte bunt gemischt in die Melonenschnitze schichten. Mit den Pfefferminzblättchen dekorieren.

... und nach dem Basenfasten

Auch wenn Obst nach dem Essen nicht so ideal ist – Ausnahmen dürfen sein – vor allem für Kinder. Bevor Kinder sich mit Schokolade vollstopfen, ist dieses Melonenschiffchen mit einer Kugel Erdbeer- oder Zitroneneis eine recht gesunde Variante.

Waldbeerenteller — Frutti di bosco

Für 2 Personen

Je 1 kleines Schälchen reife Brombeeren, Himbeeren und Heidelbeeren
1 EL Agavensirup

- Die Beeren waschen, abtropfen lassen und 4 EL gemischte Beeren in einen Mixer geben und mit dem Agavensirup pürieren. Das Fruchtpüree über die gemischten Beeren geben.
- Wenn Sie besonders hungrig sind, können Sie dazu noch 2 EL Erdmandelflocken geben. Dann haben Sie ein basisches Waldbeerenmüsli.

... und nach dem Basenfasten

Dazu schmeckt eine kleine Portion Sahne. Wenn überhaupt, sollten Sie Sahne zu Obst essen. Milch oder Joghurt passen nicht so optimal zu Obst.

Italienische Salat- und Rohkostideen

» Italiener lieben Salat und essen ihn eigentlich täglich. Nur verhält es sich hier ähnlich wie mit Obst. Aus der Sichtweise des Säure-Basen-Haushaltes essen sie den Salat zum falschen Zeitpunkt. Meist essen sie ihn abends, spät abends und das erst im dritten oder vierten Gang zum Fleisch. Salat sollten Sie in ihrer italienischen Basenfastenwoche mittags und das bitte als Hauptgang oder wenigstens als ersten Gang verzehren.

Condimento a basilico
Italienisches Dressing mit Basilikum

Für 2 Personen

4 EL kaltgepresstes Olivenöl von guter Qualität
Saft von ½ großen Zitrone
etwas frisch gemahlener schwarzer Pfeffer
etwas Meersalz
1 Hand voll frische Basilikumblätter

- Die Basilikumblätter abwaschen, abtropfen lassen und mit dem Wiegemesser sehr fein hacken. Das Olivenöl dazugeben und gut vermischen. Die übrigen Zutaten dazugeben und verrühren.

... und nach dem Basenfasten

Nach Basenfasten darf das Markenzeichen italienischer Salatdressings – der Aceto balsamico – anstelle des Zitronensaftes verwendet werden. Keine Angst, Sie stürzen dabei nicht in ein Säuredesaster ab – der Salat bleibt trotzdem noch recht basenüberschüssig. Achten Sie auf einen Balsamico von guter Qualität. Ein alter Balsamico schmeckt wenig sauer, aber dafür herrlich aromatisch.

Insalata di rucola e funghi porcini

Rukolasalat mit frischen Steinpilzen

Für 2 Personen

3 Hände voll Rukolablätter
1 Hand voll frische Cocktailtomaten
2 mittelgroße frische Steinpilze
2 EL Olivenöl
etwas Kräutersalz
Zutaten für das italienische Dressing (S. 70)

- Rukola waschen und abtropfen lassen. Die Tomaten waschen, halbieren und zum Rukola geben. Das Dressing zubereiten und mit den Rukolablättern und den Tomaten vermischen. Die Steinpilze mit einem Küchenkrepp vorsichtig säubern, in kleine Scheibchen schneiden und im Olivenöl garen. Mit etwas Kräutersalz würzen und noch warm über den Salat geben.

... und nach dem Basenfasten

Zu diesem Salat schmeckt ein mittelalter Pecorino, den Sie über den angemachten Salat reiben. Auch hauchdünne Scheiben Parmesan sind lecker dazu.

Insalata di pomodori, rucola e radicchio

Tomatensalat mit Rukola und Radicchio

Für 2 Personen

15 reife Eiertomaten
1 Hand voll Rukola
1 Hand voll Radicchioblätter
1 Schalotte oder kleine Zwiebel
Zutaten für das italienische Dressing (S. 70)

- Rukola, Radicchio und Tomaten waschen, die Schalotte schälen und fein würfeln. Die Tomaten halbieren. Das italienische Dressing zubereiten und alle Zutaten miteinander vermischen

... und nach dem Basenfasten

Geben Sie über diesen Salat einige hauchdünne Scheiben mittelalten Pecorino (Schafskäse).

Piatto di verdure fresche

Rohkostteller

Für 2 Personen

2 Karotten
1 Gurke
2 Stängel Staudensellerie
Zutaten für Tomatensalsa als Dip (S. 126)

- Karotten unter fließendem Wasser mit der Gemüsebürste säubern und in fingerlange Stücke schneiden. Die Gurke waschen und gleich große Stücke schneiden. Die Staudenselleriestängel waschen, falls nötig die holzigen Teile entfernen und den Sellerie in fingerlange Stängel schneiden. Tomatensalsa zubereiten und dazu servieren.

... und nach dem Basenfasten

Dippen Sie die Rohkost in einen Kräuterquark, den Sie selbst herstellen aus Quark und Kräutern der Saison (sehr fein geschnitten). Nach Belieben mit Meersalz, Zwiebeln und schwarzem Pfeffer abschmecken.

Insalata di pomodori e basilico

Tomatensalat mit Basilikum

Für 2 Personen

300 g vollreife Tomaten
½ Bund Basilikum
frisch gemahlener schwarzer Pfeffer
etwas Meersalz
Saft von ½ Zitrone
2 EL Olivenöl

- Die Tomaten waschen, in kleine Scheiben oder Würfel schneiden. Aus dem Olivenöl, dem Zitronensaft und den Gewürzen ein Dressing zubereiten und unter die Tomaten mischen. Die Basilikumblätter waschen, vom Stiel zupfen und über dem Salat verteilen.

... und nach dem Basenfasten

Caprese – so nennen die Italiener ihr Tomaten-Mozzarella-Antipasto – wer kennt das nicht? Einfach Büffelmozzarralla fächerartig auf die Tomaten legen und mit Aceto balsamico abschmecken.

Brokkolisalat mit Mandeln

Insalata di broccoli con mandorle

- Den Brokkoli putzen, waschen, in kleine Röschen teilen und im Gemüsedämpfer wenige Minuten garen, bis sie ein sattes Grün angenommen haben. Die Zwiebel in kleine Würfel hacken. Das italienische Dressing zubereiten und mit allen Zutaten vermischen.

... und nach dem Basenfasten

Diesen Salat können Sie gut abends vorbereiten und am nächsten Tag ins Büro mitnehmen. Essen Sie dazu eine Scheibe Vollkronbrot – evtl. mit etwas Butter und Sie sind immer noch auf der basenreichen Seite.

Für 2 Personen

500 g Brokkoli
50 g gehackte Mandeln
1 kleine Zwiebel
etwas Zitronenthymian
Zutaten für das italienische Dressing (S. 70)

Bataviasalat mit Sellerie

Insalata di batavia e sedani

- Die Blätter des Bataviasalates waschen und abtropfen lassen. Selleriestangen ablösen, waschen und in kleine Scheibchen schneiden. Die Tomaten waschen und halbieren. Aus Olivenöl, Zitronensaft, Meersalz und weißem Pfeffer ein Salatdressing herstellen. Salat, Sellerie und die Tomaten mit dem Dressing vermischen.

... und nach dem Basenfasten

Staudensellerie verwendet man in Italien gerne für Antipasti mit Meeresfrüchten. Damit es nicht gleich zu sauer wird, reicht es, wenn Sie diesem Salat einige gekochte Scampi zufügen.

Für 2 Personen

1 kleiner Bataviasalat
½ Staudensellerie
6 reife Cocktailtomaten
3 EL hochwertiges Olivenöl
Saft von ½ Zitrone
etwas Meersalz
1 Prise weißer Pfeffer

Insalata capricciosa con patatine

Salat nach Lust und Laune mit Kartöffelchen

Für 2 Personen

150 g gemischter Salat vom Markt (Pflücksalat, Rukola, Radicchio)
5 kleine neue Kartoffeln
5 kleine junge Karotten
2 Frühlingszwiebeln
1 Hand voll Buschbohnen
½ Schale Gartenkresse
3 EL Olivenöl
Saft von ½ halben Zitrone
etwas Meersalz
etwas frisch gemahlener schwarzer Pfeffer

- Die Kartoffeln waschen. Die Karotten mit der Gemüsebürste unter fließendem Wasser säubern, halbieren und dabei einen Teil der grünen Stängel dran lassen. Die Bohnen waschen, die Enden entfernen. Die Gemüse in wenigen Minuten im Gemüsedämpfer garen.
- Aus Olivenöl, Zitronensaft, Meersalz und Pfeffer ein Salatdressing herstellen. Die gegarten Gemüse unter die Salatblätter heben und das Dressing darüber verteilen.

... und nach dem Basenfasten

»Capricciosa« bedeutet launenhaft. Sie können diesen Salat daher nach Lust und Laune verändern. Wenn Sie in basischer Laune sind, dann können Sie die Bohnen gegen Spinat oder Mangold austauschen oder die Karotten gegen Tomaten. Wenn Sie in nicht so basischer Laune sind, dann lassen Sie die Kartoffeln weg und geben dafür etwas Büffelmozzarella dazu. Oder einige Kapern, die zwar basisch, aber leider meist in Essig eingelegt sind. Auch Sardellen, dazu eine Hand voll grüne Oliven. Ihrer Fantasie sind keine Grenzen gesetzt – nur zu sauer sollte der Salat nicht ausfallen. Daher bitte stets nur kleine Anteile an Käse, Fisch oder Ähnlichem dazugeben.

Italienischer Kartoffelsalat mit Oliven

Insalata di patate con le olive nere

Für 2 Personen

8 mittelgroße fest kochende Kartoffeln (Sorte Quarta)
1 Hand voll reife Mini-Eiertomaten
1 mittelgroße rote Zwiebel
1 Prise Muskat, frisch gerieben
etwas frisch gemahlener weißer Pfeffer
etwas Meersalz
einige Blätter Basilikum
1 Hand voll schwarze ungefärbte Oliven
3 EL Olivenöl
Saft von ½ Zitrone

- Die Kartoffeln mit der Schale im Gemüsedämpfer garen, abkühlen lassen, schälen und in Scheiben schneiden. Die Tomaten waschen, halbieren und zu den Kartoffelscheiben geben. Die Basilikumblätter waschen, abtropfen lassen, klein zupfen und dazugeben.
- Die Zwiebel schälen und klein hacken. Aus dem Öl, dem Zitronensaft und den Gewürzen ein Dressing herstellen und mit den Zwiebelstückchen mischen. Das Dressing und die Oliven unter die Kartoffelmischung geben und servieren.

... und nach dem Basenfasten

Dieser Salat sättigt so gut und ist so lecker, dass er für sich steht. Sie können das Aroma nach dem Basenfasten noch toppen, indem Sie anstelle der Zitrone etwas weißen Balsamico verwenden und einige Kapern darunter mischen.

Rohkost der Saison

Crudi del stagione

- Die Tomaten waschen und halbieren. Die Zwiebel schälen, in feine Ringe schneiden und zu den Tomaten geben. Die Karotte unter fließendem Wasser säubern, klein raspeln und in eine Schüssel geben.
- Die Kohlrabi waschen, schälen, raspeln und zu den Karotten geben. Die Tomaten-Zwiebel-Mischung mit dem Pesto verrühren und über die Karotten und Kohlrabi verteilen.

... und nach dem Basenfasten

Zu dieser Rohkost können Sie ein wenig Käse wie beispielsweise einen mittelalten Pecorino genießen. Schneiden Sie den Pecorino in kleine Würfelchen und mischen Sie ihn unter die Rohkost. Auch eine Scheibe Ciabatta oder Olivenciabatta – wie man sie an manchen Marktständenn auch in Deutschland bekommt –, ist nicht ganz basisch, aber sehr lecker dazu!

Für 2 Personen

1 Hand voll Tomaten
1 rote Zwiebel
2 Karotten
1 Kohlrabi
Petersilienpesto (S. 86)

Antipasti

» Antipasti sind in Italien regional sehr unterschiedlich und so vielfältig wie die italienische Küche. Wenn Sie beispielsweise in der Toskana einen Antipastoteller bestellen und Vegetarier sind, haben Sie ein Problem, denn er besteht nahezu nur aus verschiedenen Wurst- und Salamisorten. Süditalienische Antipasti dagegen enthalten immer Zucchini, Auberginen, Paprika und Tomaten mit Mozzarella – so, wie wir sie vom Italiener um die Ecke kennen. Das absolute Plus der Gemüse-Antipasti für Ihre Basenfastenzeit: Sie lassen sich fast alle auf Vorrat herstellen. Wenn eine Heißhungerattacke droht, müssen Sie nicht zu saurem Brot und Käse greifen, sondern können marinierte Zucchini, Pilze oder Auberginen genießen.

Funghi con rucola Champignons mit Rukola

Für 2 Personen

20 kleine Champignons
2 EL Olivenöl
Saft von ½ Zitrone
einige Blätter Rukola
3 reife Kirschtomaten
etwas Meersalz
etwas frisch gemahlener schwarzer Pfeffer

- Champignons mit Küchenkrepp säubern, vierteln und im Olivenöl leicht andünsten. Mit Meersalz und Pfeffer würzen und gegen Ende der Garzeit die Tomaten dazugeben. Den Zitronensaft unterrühren und einige Stunden darin marinieren. Rukola waschen, abtropfen lassen und kurz vor dem Servieren unter die marinierten Pilze heben.

… und nach dem Basenfasten

Zu diesem Rezept dürfen Sie einfach eine Scheibe Brot essen. Lecker schmecken die Champignons auch, wenn Sie anstelle des Zitronensaftes etwas hellen Balsamico verwenden.

Zucchiniblüten Fiori di Zucchine

- Die Stempel der Zucchiniblüten entfernen, das Öl erhitzen und die Zucchiniblüten sehr vorsichtig darin andünsten. Vorsicht: Das geht sehr schnell. Sie sollten nicht braun und unansehnlich werden.

... und nach dem Basenfasten

Zucchiniblüten sind eine herrliche Delikatesse und schmücken jedes italienische Büfett. Wenn Sie Gäste erwarten, bauen Sie doch einige leckere, rein basische Antipasti wie Zucchiniblüten oder andere Antipasti aus diesem Buch ein. Wer sagt denn, dass Gäste immer nur »Saures« wollen?

INFO

Eine Delikatesse!

Zucchiniblüten gibt es nur kurze Zeit im Jahr. In Italien finden Sie Zucchini- und Kürbisblüten von Mai bis August in den meisten Gemüsegeschäften, auch in Supermärkten. In Deutschland findet man sie nur in ausgesuchten Geschäften oder aber im Garten. Sie schmecken superlecker und enthalten jede Menge Bioaktivstoffe. Alleine machen sie auch beim Basenfasten nicht satt, weshalb Sie dieses Rezept zusammen mit anderen Antipasti – beispielsweise mit Zucchine al limone verzehren sollten.

Für 2 Personen

12 Zucchiniblüten
2–3 EL Olivenöl

Zucchine al limone e olive nere

Marinierte Zucchini mit Oliven

Für 2 Personen

2 mittlere, feste Zucchini
4 EL kaltgepresstes Olivenöl
Saft von ½ Zitrone
1 TL gerebelter oder frischer Thymian
etwas frisch gemahlener schwarzer Pfeffer
etwas Meersalz
1 Hand voll schwarze ungefärbte und entkernte Oliven

- Zucchini waschen und in dünne Scheiben schneiden. Zucchinischeiben in 2 EL Olivenöl vorsichtig andünsten, sodass sie nur goldbraun, aber nicht schwarz werden. Aus dem übrigen Olivenöl, Zitronensaft und Thymian eine Marinade herstellen.
- Die Oliven in Scheibchen schneiden. Die Zucchinischeiben lagenweise in eine kleine Schüssel legen, dabei jede Lage mit einigen Olivenhälften belegen und etwas Marinade darüber träufeln. Die Schüssel mit einem Deckel oder einem Teller bedecken und etwa einen Tag im Kühlschrank ziehen lassen.

... und nach dem Basenfasten

Darf nach Basenfasten mit einer Scheibe klassischer Bruschetta verzehrt werden (italienisches Weißbrot mit klein gehackten Tomaten). Dafür mischen Sie zwei sehr reife und aromatische klein gewürfelte Tomaten mit einer kleinen fein gehackten Zwiebel und würzen Sie die Mischung mit etwas Meersalz und Pfeffer. Auch hier schmeckt es besser, wenn Sie die Mischung einige Stunden ziehen lassen.

Finocchio al pesto   Fenchel mit Pesto

Für 2 Personen

2 kleinere Fenchelknollen
etwas Fenchelgrün
1 Glas Basilikumpesto
ohne Knoblauch (Bioladen)

- Die Fenchelknollen waschen, eventuell die äußere holzige Schale entfernen, das Fenchelgrün mit verwenden. Die Knollen halbieren, den Fenchel der Länge nach in Schnitze schneiden und mit dem Fenchelgrün zusammen im Gemüsedämpfer knapp 10 Min. dämpfen. Fenchel dekorativ auf zwei Teller legen und 3–4 TL Pesto darüber verteilen.

INFO

Lust auf selbst gemachtes Petersilienpesto?

Zutaten: 2 Hände voll Glattpetersilie, etwas Olivenöl, etwas Meersalz, etwas frisch gemahlener schwarzer Pfeffer und etwas frisch gemahlene Chilischote (Peperoncino).
Zubereitung: Die Petersilie waschen, abtropfen lassen und sehr fein hacken – am besten mit einem Wiegemesser. Das Olivenöl mit den Gewürzen mischen und die Petersilie dazugeben. Gut verrühren und am besten einige Stunden durchziehen lassen. Nach der Basenfastenzeit mischen Sie einige gehackte Pinienkerne und eine halbe Scheibe zerbröseltes Toastbrot darunter.

Carpaccio di zucchine

Zucchini-Carpaccio

Für 2 Personen

2 kleine, feste Zucchini
2 EL Olivenöl
2 EL Zitronensaft
etwas Meersalz
etwas frisch gemahlener schwarzer Pfeffer
1 TL frischer Oregano

- Die Zucchini waschen, den Stielansatz entfernen und die Zucchini mit einem Gemüse- oder Trüffelhobel in sehr dünne Scheiben hobeln. Die dünnen Scheiben auf einen großen Teller oder auf einer runden Platte dekorativ auslegen.
- Aus Öl, Zitronensaft und den Gewürzen eine Marinade herstellen. Am besten wird das Dressing, wenn Sie dazu einen Milchaufschäumer verwenden. Die Marinade über die Zucchinischeiben mit einem Löffel gleichmäßig verteilen. Wenn gerade Zucchiniblütenzeit ist, sollten Sie dieses Carpaccio mit einigen Zucchiniblüten dekorieren.

... und nach dem Basenfasten

Dieses Carpaccio kann gut mit anderen Antipasti gemischt werden. Einige Scheiben Parmaschinken, neben rein basischen Antipasti halten Ihre Säuresünden in Grenzen und sorgen dennoch für Genuss.

Marinierte Auberginen

Melanzane al limone

Für 2 Personen

2 kleine, reife Auberginen
4–5 EL kaltgepresstes Olivenöl
Saft von 1 Zitrone
Kräuter der Provence oder frische Kräuter
schwarzer Pfeffer
etwas Meersalz
1 Hand voll reife Kirschtomaten

- Die Auberginen waschen, den Stielansatz entfernen und die Auberginen in dünne Scheiben schneiden. 2 EL Olivenöl in einer Pfanne erhitzen, die Auberginenscheiben dazugeben und vorsichtig andünsten. Evtl. 1 EL Olivenöl dazugießen.
- Die Kirschtomaten waschen, vierteln und gegen Ende der Garzeit ganz kurz dazugeben. Aus dem restlichen Olivenöl, Zitronensaft und den Kräutern eine Marinade herstellen. Die gedünsteten Auberginenscheiben und die Tomatenstückchen in eine kleine Schüssel geben und die Marinade darüber träufeln. Die Schüssel mit einem Deckel oder einem Teller bedecken und etwa einen Tag im Kühlschrank ziehen lassen.
- Das schmeckt so lecker – stellen Sie lieber die doppelte Menge her – dann reicht es auch für morgen.

… und nach dem Basenfasten

Lassen Sie das Dressing weg und überbacken Sie die Auberginenscheiben mit etwas Mozzarella. Einfach die gedünsteten Auberginenscheiben in eine kleine Auflaufform schichten und die Tomatenstückchen zusammen mit einigen Scheiben Mozzarella darüber verteilen. Wenige Minuten in den Backofen geben, bis der Käse geschmolzen ist.

Paprika aus dem Ofen Peperoni al forno

Für 2 Personen

3 große rote Paprika

- Den Backofen auf 250 Grad vorheizen. Die Paprikaschoten halbieren, entkernen und waschen. Auf ein Backblech legen und im Backofen eine knappe halbe Stunde backen. Sobald die Paprika etwas abgekühlt sind, die Haut abziehen und warm oder kalt verzehren.
- Die so bearbeitete Paprika können weiterverarbeitet werden für Gemüsegerichte mit Paprika – oder für die Involtini di Peperoni (S. 117).

... und nach dem Basenfasten

Die Paprika darf auch mal mit einem Säurebildner gefüllt werden – beispielsweise mit Bel Paese oder einem anderen leckeren italienischen Käse. Schneiden Sie dazu die Paprika in 6 bis 7 cm breite Streifen und füllen Sie die Paprikastreifen mit je einer Scheibe Bel Paese und schließen Sie die Roulade mit einem Zahnstocher. Für Gäste dekorieren Sie die Paprikarouladen (Involtini) mit frittierten Rukolablättern. Dazu werden Rukolablätter wenige Sekunden in heißem Öl frittiert. Sieht toll aus und schmeckt witzig.

Basische Snacks – italienisch angehaucht

Gelüstig oder hungrig und es ist noch keine Essenszeit? Kein Problem, beim Basenfasten wird auch der kleine Hunger zwischendurch nicht im Stich gelassen. Und auch der Genuss kommt nicht zu kurz. Beim Basenfasten gilt: bei Essengelüsten und leichtem Hunger erst mal was trinken. Aqua naturale – normales Qellwasser – wie in Italien. Ist der Magen damit fürs Erste nicht beruhigt, dann können Sie ein wenig Snacken.

Vormittags

Hier ist die Auswahl an kleinen Snacks am größten. Sie dürfen wählen zwischen Obst, Gemüserohkost, Mandeln und Oliven.

- Ein frisch gepresster Orangensaft, eine kleine Obstschale als zweites Frühstück oder einfach in eine Birne beißen.
- Auch einige Mandeln oder einige Sonnenblumenkerne beruhigen den Magen und schmecken lecker.
- Ist Ihnen nicht so sehr nach was Süßem? Dann essen Sie ein wenig Rohkost aus Karotten, Staudensellerie, reifen Tomaten und Gurke.
- Verfeinern Sie die Rohkost mit einem basischen Dip: Petersilienpesto (S. 86) oder ein basisches Pesto aus dem Glas – gibt es in vielen Bioläden und italienischen Feinkostgeschäften zu kaufen. Achten Sie darauf, dass im Pesto kein Essig und kein Knoblauch enthalten ist. Lecker ist Pesto aus Basilikum oder Rukola, aber auch Olivencreme aus schwarzen oder grünen Oliven.

Nachmittags

Am Nachmittag ist die Auswahl der Snacks nicht mehr so groß, denn nun ist Rohkost, eben auch Obst, tabu.

- Es bietet sich Trockenobst an – beispielsweise getrocknete Feigen oder Apfelringe. Essen Sie davon nicht zu viele, denn durch den hohen Zuckergehalt führen sie leicht zu Blähungen.
- Auch einige Mandeln, Sonnenblumenkerne oder andere Kerne wie Kürbiskerne, bieten sich an.
- Der italienischste Snack ist wohl eine Hand voll Oliven – grüne oder ungefärbte schwarze – das ist doch molto italiano.
- Am Nachmittag bietet sich auch das ein oder andere Antipasto an, die Sie am besten auf Vorrat herstellen. Die Pilze, die Paprika, die marinierten Zucchini oder Auberginen – auf Vorrat bewahren Sie diese Antipasti vor so mancher Säuresünde. Und schmecken so herrlich nach Italien! Doch: Piano, piano – nicht zu viel davon essen, denn es gibt doch bald schon Abendessen.

Suppen auf italienische Art

» Wer denkt, in Italien gäbe es außer Minestrone keine Suppe – der irrt. Italiener essen gerne Suppen, vor allem Gemüsesuppen. So wie die klassische Minestrone, auch wenn sie oft mit Teigwaren serviert wird. Beliebt sind auch Lauchcremesuppen und Kürbissuppen.

Gemüsesuppe Minestrone

Für 2 Personen

1 Hand voll grüne Bohnen
1 mittelgroße Karotte
2 große Kartoffeln
1 kleine Zucchini
1 kleine rote Zwiebel
1 EL Olivenöl
3/4 l Wasser
1 Gemüsebrühwürfel
etwas weißer Pfeffer
einige Stängel Glattpetersilie
etwas Meersalz

- Die Enden der Bohnen abschneiden, die Bohnen waschen und halbieren. Die Karotte unter fließendem Wasser mit der Gemüsebürste säubern. Die Kartoffeln waschen, mit dem Gemüseschäler schälen und vierteln.
- Die Zucchini waschen und in Scheiben schneiden. Die Zwiebel schälen, klein schneiden und im Olivenöl kurz andünsten. Das Gemüse dazugeben, mit etwas Wasser ablöschen.
- Den Gemüsebrühwürfel in warmem Wasser auflösen, zum Gemüse geben und ca. 15 Min. lang garen. Petersilie waschen, klein schneiden und gegen Ende der Garzeit dazugeben. Mit den Gewürzen abschmecken und servieren.

Minestrone können Sie je nach Jahreszeit variieren. So darf auch mal Lauch, Kohlrabi, Fenchel oder Sellerie drin sein.

... und nach dem Basenfasten

Die Variationen mit Nudeln, Reis oder Parmesan dürfen Sie nach dem Basenfasten gerne ausprobieren.

Zucchinicremesuppe

Crema di zucchine

- Den Strunk der Zucchini entfernen, die Zucchini waschen und würfeln. Die Kartoffeln waschen, schälen und würfeln. Die Zwiebel schälen und in kleine Würfelchen schneiden und im Olivenöl glasig dünsten. Die Zucchini und die Kartoffeln dazugeben.
- Das Wasser und den Gemüsebrühwürfel dazugeben und die Gemüsemischung 15–20 Min. kochen lassen. Die Petersilie klein schneiden und mit dem Thymian zur Suppe geben. 1 TL der Petersilie für die Deko zur Seite legen. Sobald die Gemüse gar sind, pürieren und mit der restlichen Petersilie bestreut servieren.

… und nach dem Basenfasten

Wenn Sie besonders hungrig sind, geben Sie pro Portion 1 EL Crostini über die fertige Suppe. Während wir solche »Kracherle«, wie meine Oma das immer nannte, ohne Öl in der Pfanne anrösten und dazu x-beliebiges Brot vom Vortrag verwendet haben, nimmt man in Italien dafür gerne normales Toastbrot, das noch mit Öl oder auch mit Pesto beträufelt wird. Probieren Sie aus, was Ihnen am besten schmeckt.

Für 2 Personen

3 große Zucchini
2 mittelgroße Kartoffeln
1 kleine Zwiebel
¾ l Wasser
1 Gemüsebrühwürfel
2 EL Olivenöl
1 TL frischer oder getrockneter Thymian
einige Stängel Glattpetersilie
etwas frisch gemahlener schwarzer Pfeffer
etwas Meersalz

Crema di porro Lauchcremesuppe

Für 2 Personen

5 Lauchstangen
2 große Kartoffeln
3 EL Olivenöl
¾ l Wasser
1 Gemüsebrühwürfel
1 rote Zwiebel
frisch gemahlener schwarzer Pfeffer
Meersalz
etwas Liebstöckel
1 Hand voll frische Glattpetersilie

- Die Lauchstangen putzen und in grobe Stücke schneiden. Die Kartoffeln waschen, schälen und grob würfeln. Die Zwiebel schälen, klein hacken und im erhitzten Öl glasig dünsten. Lauch und Kartoffeln dazugeben und kurz umrühren.
- Den Gemüsebrühwürfel und das Wasser dazugeben und die Mischung 15 Min. kochen. Mit dem Zauberstab pürieren und die Gewürze dazugeben. Die gehackte Petersilie unter die Suppe mischen.

… und nach dem Basenfasten

Auch hier bieten sich für die ganz Hungrigen je 1 EL Crostini an. Oder aber: Probieren Sie mal 2 EL geröstete Pinienkerne, die sie klein gehackt darübergeben.

Crema di porro con funghi porcini Lauchcremesuppe mit Steinpilzen

Für 2 Personen

Zutaten flur die Lauchcremesuppe (s. o.)
1 kleine Zwiebel
1 großer Steinpilz
2 EL Olivenöl
etwas Meersalz
schwarzer Pfeffer

- Die Lauchcremesuppe nach Rezept zubereiten. Die Zwiebel schälen und sehr klein hacken. Den Steinpilz mit einem Küchenkrepp trocken säubern, in Scheibchen schneiden. Die Zwiebeln im Öl vorsichtig glasig dünsten, Steinpilze dazugeben und unter Rühren dünsten.
- Mit frisch gemahlenem schwarzem Pfeffer und Salz abschmecken und über der Suppe verteilen.

Klare Kartoffelsuppe Patatine in brodo

Für 2 Personen

6 kleine Kartoffeln
1 Zwiebel
3/4 l Wasser
1 Gemüsebrühwürfel
etwas weißer Pfeffer
einige Stängel Glattpetersilie
etwas Meersalz

- Die Kartoffeln waschen, schälen und in kleine Scheiben schneiden. Die Zwiebel schälen und klein schneiden. Den Gemüsebrühwürfel in warmem Wasser auflösen und mit den Kartoffelscheiben und den Zwiebelstücken ca. 15 Min. lang garen.
- Die Petersilie waschen, abtropfen lassen, klein schneiden und am Ende der Garzeit kurz zur Brühe geben. Mit den Gewürzen abschmecken und servieren.

… und nach dem Basenfasten

Während Ihrer italienischen Basenfastenwoche ist diese Suppe ein leichtes, aber vollständiges Abendessen. Nach Basenfasten können Sie einen Teller als Vorspeise genießen – damit entschärfen Sie die Säurebildner des Hauptgerichts ein wenig.

Zuppetta di zucca Kürbissüppchen

Für 2 Personen

500 g Hokkaido-Kürbis
2 mittelgroße Kartoffeln
1 Stange Lauch
1 große rote Zwiebel
frisch gemahlener schwarzer Pfeffer
Galgant, Kurkuma, Liebstöckel (nach Belieben)
1 EL Sesamsalz
3 EL geröstetes Kürbiskernöl
1¾ l Wasser
1 Gemüsebrühwürfel

- Den Kürbis waschen, halbieren und die Kerne herausschaben. Die Kartoffeln waschen, schälen und in große Stücke schneiden. Lauch waschen, den Wurzelansatz abscheiden und den Lauch in grobe Stücke schneiden. Die Zwiebel klein hacken und vorsichtig im Kürbiskernöl, zusammen mit den Gewürzen glasig dünsten (nur auf mittlerer Stufe und nach wenigen Min. etwas Wasser zum Ablöschen dazugeben).
- Die Lauchstücke dazugeben und mit etwas Wasser ablöschen. Kürbis, Kartoffeln, das restliche Wasser und die Gemüsebrühe in den Topf geben und garen. Nach ca. 15 Min. mit dem Zauberstab pürieren und noch mal abschmecken und mit etwas Kürbiskernöl verzieren.

Hokkaido ist ein Kürbis, der nicht geschält wird, weshalb Sie nur den Stielansatz und den Strunk entfernen müssen. Lediglich die Kerne werden aus dem Innern des Kürbisses herausgeschabt.

... und nach dem Basenfasten

Eine Kürbissuppe ist so reichhaltig, dass sie keiner weiteren Zutaten bedarf und von Zeit zu Zeit ein rein basisches Gericht ist sicher kein Fehler. Wenn es Sie aber zu sehr gelüstet, dann geben Sie einfach 1 EL Schmand darüber – übrigens eine ziemlich deutsche Angelegenheit, denn in Italien ist Sahne und dergleichen nur bei den Dolci, den Nachspeisen, zu finden.

Gemüsegerichte – Verdure e legume

» Verdure ist das italienische Wort für Gemüse – Legume dagegen sind in Italien Hülsenfrüchte. Verwechseln Sie das nicht mit dem französischen Wort für Gemüse »legume«. Die Italiener sind in diesem Fall sprachlich etwas korrekter, denn unter Leguminosen versteht der Botaniker tatsächlich die Hülsenfrüchte. Und auch die kommen in der italienischen Küche häufig vor. Beim Stöbern durch italienische Kochbücher und Zeitschriften habe ich jede Menge Rezepte mit Gemüse oder mit einem großen Gemüseanteil gefunden – auch jenseits von Auberginen und Zucchini. Trotzdem sind Zucchini, Auberginen, Tomaten und Paprika die Klassiker für jeden Fan der italienischen Küche, weshalb ich auch in der italienischen Basenfastenwoche einige klassische Rezepte eingebaut habe.

Für die meisten hier vorgestellten Gemüsegerichte benötigen Sie einen Gemüsedämpfer.

Ein Gemüsedämpfer oder Dampfgarer ist nicht zu verwechseln mit einem Dampfdrucktopf, denn er arbeitet ohne Druck. Es handelt sich dabei um einen Edelstahltopf oder um einen Bambustopf, der innen über ein Sieb verfügt, in dem das Gemüse im aufsteigenden Wasserdampf gegart wird. Dabei bleiben die meisten Vitamine und Mineralien erhalten, was man an der Farbe und am Geschmack leicht erkennen kann. Dampfgarer gibt es inzwischen auch als Einbaugeräte, manche Firmen bieten auch Elektroherde mit integriertem Dampfgarer an.

Wenn Sie noch keinen besitzen und gerade keine Möglichkeit haben, sich einen zuzulegen, dann können Sie auch für wenig Geld ein Einhängesieb kaufen, das in jeden Kochtopf passt. Der Gemüsedämpfer ist die schonendste Art, Gemüse zu garen (S. 35).

Paprikagemüse mit schwarzen Oliven

Peperonata con olive nere

- Die Zwiebel klein würfeln. Die Paprika waschen, den Strunk herausschneiden und die Paprika in dünne, mittellange Streifen schneiden. Das Olivenöl erhitzen und die Zwiebeln darin glasig dünsten. Die Paprikastreifen dazugeben und vorsichtig zusammen mit Salz, Pfeffer und Oregano andünsten.
- Falls nötig, das Paprikagemüse mit 2 EL Wasser ablöschen. Die Oliven in kleine Scheiben schneiden und gegen Ende der Garzeit dazugeben und untermischen.

Für 2 Personen

1 kleine Zwiebel
Je 1 rote, 1 grüne und
1 gelbe Paprika
2 EL Olivenöl
etwas Meersalz
etwas frisch gemahlener
schwarzer Pfeffer
1 TL frischer oder
getrockneter Oregano
1 Hand voll ungefärbte entsteinte schwarze Oliven

INFO

Warum ungefärbte Oliven?

Die meisten schwarzen Oliven sind tiefschwarz und damit mit Eisenglukonat gefärbt. Dies kann bei empfindlichen Menschen zu Magenproblemen bis hin zu Verstopfung führen. Ob Oliven gefärbt sind oder nicht, steht auf der Packung. Wenn Sie Ihre Oliven auf dem Markt kaufen, dann fragen Sie nach. Tipp: Ungefärbte Oliven sind nie ganz schwarz – sie haben stets einen deutlichen Lilaton.

Gurguglione all'Elbana

Gemüseeintopf der Saison

Für 2 Personen

1 kleine Aubergine
je 1 gelbe und 1 rote Paprika
1 rote Zwiebel
1 kleine Karotte
2 reife Fleischtomaten
2 EL Olivenöl
1 Tasse Wasser
etwas Meersalz
etwas frisch gemahlener schwarzer Pfeffer
einige Blätter Basilikum

- Die Aubergine waschen, den Stielansatz entfernen und die Aubergine in Würfel schneiden. Die Paprika waschen, vierteln, die Kerne entfernen und die Paprika in schmale Streifen schneiden. Die Zwiebel enthäuten und in Ringe schneiden.
- Die Karotte unter fließendem Wasser mit der Gemüsebürste säubern und in kleine Stücke schneiden. Die Fleischtomaten waschen und würfeln. Alle Zutaten mit dem Olivenöl, den Gewürzen und dem Wasser zusammen in einen Topf geben und ca. 20 Min. schmoren lassen.

Dieses Rezept verdanke ich Palmiro, dem Koch meines Refugiums auf Elba. Es handelt sich dabei um ein einfaches elbanisches Nationalgericht – ein Gemüseeintopf der Saison.

… und nach dem Basenfasten

Gurguglione eignet sich hervorragend als Beilage zu verschiedenen Fleischgerichten. Was heißt hier Beilage? Sie wissen ja: Säurebildner wie Fleisch werden zur Beilage und Gemüse nehmen den größten Raum auf dem Teller ein. Und so lecker wie elbanisches Gurguglione schmeckt, ist das gar kein Problem.

Zucchine al forno Zucchini aus dem Ofen

Für 2 Personen

4 mittelgroße Zucchini
12 reife Kirschtomaten
1 Hand voll schwarze ungefärbte und entsteinte Oliven
1 Zwiebel
1 Hand voll frische Basilikumblätter
3 EL Olivenöl
frisch gemahlener schwarzer Pfeffer
Meersalz
etwas Zitronenthymian und Rosmarin

- Den Strunk der Zucchini abschneiden, die Zucchini unter fließendem Wasser mit der Gemüsebürste säubern und in Scheiben schneiden. Die Tomaten waschen und halbieren. Die Oliven in kleine Scheiben schneiden. Die Zwiebel klein schneiden, im Olivenöl glasig dünsten und die Zucchini kurz darin andünsten.
- Die Zucchini-Zwiebel-Mischung mit Salz und Pfeffer würzen, in eine Auflaufform geben und die Oliven, die Tomaten, Rosmarin und Zitronenthymian darüber verteilen. Im vorgeheizten Backofen bei 180 Grad ca. 10 Min. erhitzen. Die Basilikumblätter erst kurz vor dem Servieren darüber verteilen.

... und nach dem Basenfasten

Nach dem Basenfasten können Sie dieses Gericht ein wenig »ansäuern«, indem Sie 3 EL frisch geriebenen Parmesan darüber verteilen, bevor Sie es im Backofen überbacken.

Patatine con prezzemole in padella

Kartoffel-Zwiebel-Gemüse aus der Pfanne

Für 2 Personen

10 mittelgroße festkochende Kartoffeln
2 Gemüsezwiebeln
3 EL Olivenöl
etwas Meersalz
etwas frisch gemahlener schwarzer Pfeffer
1 Hand voll Glattpetersilie

- Die Kartoffeln mit der Schale im Gemüsedämpfer garen. Die Kartoffeln schälen und der Länge nach in dünne Schnitze schneiden. Die Zwiebeln schälen, in Ringe schneiden, im erhitzten Olivenöl leicht braun werden lassen und die Gewürze dazugeben.
- Die Kartoffelschnitze kurz dazugeben und in der Zwiebeln-Öl-Mischung wälzen. Die Glattpetersilie waschen, abtropfen lassen, klein schneiden und zur Kartoffelmischung geben.

... und nach dem Basenfasten

Dieses Gericht lässt sich wunderbar mit allen anderen Gemüsegerichten kombinieren und ist damit immer noch basisch. Vor allem zu den mediteranen Gemüsegerichten wie Caponata oder Peperonata schmecken diese Kartoffeln lecker. Für Ihren fast basischen italienischen Abend darf es dann bei so vielen Basen im Essen auch mal ein Gläschen Rotwein sein – und schon ist das Italienfeeling pur.

Spaghetti al cavolo di rapa

Kohlrabispaghetti

Für 2 Personen

1 große Kohlrabi
1 kleine rote Zwiebel
etwas Meersalz
etwas frisch gemahlener weißer Pfeffer
1 Hand voll reife Cocktailtomaten
1 Hand voll Basilikumblätter
2 EL Olivenöl

- Den Kohlrabi waschen, schälen und in einer Gemüsespaghettimaschine zu dünnen Spiralen verarbeiten. Die Zwiebel schälen, klein schneiden und im erhitzten Olivenöl glasig werden lassen. Die Gewürze dazugeben.
- Die Kohlrabispaghetti und das Salz dazugeben und wenige Min. garen – geht ganz fix, da die Spaghetti dünn sind. Die Tomaten waschen, halbieren und zu den Kohlrabispaghetti geben. Die Basilikumblätter waschen, klein schneiden und darunter mischen.

Zugegeben: Das einzig italienische an diesem Gericht ist der Name Spaghetti!

... und nach dem Basenfasten

Darfs heute mal ein wenig Fisch sein? Dann können Sie die Kohlrabispaghetti mit einem leckeren Mittelmeerfisch genießen – einer Dorade oder einem Schwertfischfilet. Pro Person empfehle ich jeweils 100 g Fischfilet, damit der Säureanteil pro Mahlzeit nicht zu groß wird.

Spinaci al tartufo Spinat mit Trüffeln

Für 2 Personen

10 kleine aromatische fest kochende Kartoffeln
300 g junger Spinat
1 kleine Zwiebel
2 EL Olivenöl
etwas frisch gemahlener schwarzer Pfeffer
Kurkuma
etwas Muskat
einige hauchdünne Blättchen (1–2 g) Albatrüffel (zur Not gehen auch 2–3 Topfen Trüffelöl)

- Die Kartoffeln waschen und mit der Schale im Gemüsedämpfer garen. Die Spinatblätter waschen, falls notwendig, putzen. Die Zwiebel schälen, klein schneiden und im Olivenöl kurz andünsten. Die Gewürze und den Spinat dazugeben und wenige Min. dünsten.
- Die Kartoffeln aus dem Gemüsedämpfer nehmen, schälen, in kleine dünne Scheibchen schneiden und unter den Spinat mischen. Den Trüffel mit einer Trüffelreibe hauchdünn darüber reiben. Ein exklusives Gericht, das auch Ihre Gäste mögen!

... und nach dem Basenfasten

Italien wäre nicht Italien ohne einen guten Wein. Wenn das Essen so 100 Prozent basisch ausfällt, dann darf es doch auch mal ein Gläschen Wein dazu sein. So lässt sich das Trüffelaroma noch mal so gut genießen.

Sizilianischer Sommergemüsetopf Caponata

Für 2 Personen

1 kleine Aubergine
1 gelbe Paprika
1 mittelgroße Zucchini
3 große reife Fleischtomaten
1 rote Zwiebel
einige Blätter Basilikum
Meersalz
frisch gemahlener schwarzer Pfeffer
1 EL Olivenöl

- Die Aubergine waschen, den Stielansatz entfernen und die Aubergine in Würfel schneiden. Die Paprika waschen, vierteln, die Kerne entfernen und die Paprika in Würfel schneiden. Die Zucchini waschen, den Stielansatz entfernen und die Zucchini in Würfel schneiden.
- Die Zwiebel in Ringe schneiden. Die Tomaten waschen und würfeln. Die Zwiebel im Olivenöl glasig dünsten, dann die übrigen Gemüse mit den Gewürzen dazugeben und etwa 15 Min. kochen lassen, ggf. mit etwas Wasser ablöschen. Einige Blättchen Basilikum zur Seite legen und über das fertige Gericht geben.

… und nach dem Basenfasten

Die Caponata passt zu jedem Fisch- oder Fleischgericht als Beilage – stop. In Zukunft wird ja Fleisch oder Fisch zur Beilage, damit der Alltag nicht mehr zu sauer wird. Also: Nach Basenfasten können Sie zur Caponata ein kleines Fischfilet oder ein wenig Lammkotelett essen – 100 g pro Person. Auch als Ragout zu einem Pastagericht macht sich die Caponata hervorragend – nicht vergessen: nicht zu große Mengen Pasta auf den Teller laden.

Mit Pfifferlingen gefüllte Paprika

Peperoni ripieni

Für 2 Personen

250 g frische Pfifferlinge oder gemischte Waldpilze
2 EL Olivenöl
frisch gemahlener schwarzer Pfeffer
Meersalz
Glattpetersilie
Kerbel
4 Pellkartoffeln
2 gleich große gelbe Paprika

- Pfifferlinge abreiben, nicht waschen – nur kurz unter fließendem Wasser abbrausen, klein hacken und in etwas Olivenöl andünsten. Mit Pfeffer, Meersalz, Petersilie und Kerbel würzen. Die Kartoffeln zerstampfen und unter die Pilzmischung mischen.
- Die Paprika waschen, am Stiel abschneiden und mit der Pilzmischung füllen. Einige Tropfen Olivenöl darüber träufeln, mit Alufolie bedecken und im vorgeheizten Backofen etwa 20 Min. garen.

… und nach dem Basenfasten

Sie können nach dem Basenfasten 2–3 EL geriebenen Parmesan oder Pecorino in die Füllung geben.

Gefüllte Paprikarouladen

Involtini di peperoni

Für 2 Personen

2 gelbe Paprika
1 kleine Aubergine
1 große reife Tomate
1 kleine Zwiebel
3 EL Olivenöl
etwas Meersalz
etwas frisch gemahlener schwarzer Pfeffer
6–8 schwarze, ungefärbte Oliven ohne Stein
einige Blätter Basilikum

- Den Backofen auf 250 Grad vorheizen. Die Paprikaschoten halbieren, entkernen und waschen. Auf ein Backblech legen und im Backofen eine knappe ½ Stunde backen. Abkühlen lassen, dann die Haut abziehen und die Paprika in 6–7 cm breite Streifen schneiden.
- Die Aubergine waschen, den Strunk abschneiden und die Aubergine in Würfel schneiden. Die Tomate mit heißem Wasser überbrühen, kurz kalt abschrecken, die Haut abziehen und die Tomate klein würfeln. Die Zwiebel klein würfeln und im heißen Olivenöl glasig dünsten. Die Auberginen- und Tomatenwürfel, den Pfeffer und das Meersalz dazugeben und mit sehr wenig Wasser 12 bis 15 Min. garen lassen. Die Oliven klein schneiden und mit dem Basilikum dazugeben.
- Die Paprikasteifen mit so viel Auberginengemüse füllen, dass sich daraus Rouladen formen lassen. Die Rouladen, falls nötig, mit kleinen Holzspießen feststecken. Im Backofen bei etwa 200 Grad ca. 30 Min. Backen, bis sie Blasen werfen.

... und nach dem Basenfasten

200 g Mozzarella in kleine Würfel schneiden und am Ende der Garzeit unter das Auberginengemüse mischen.

Grüne Bohnen **Fagiolini tricolore**

- Die Bohnen waschen, die Spitzen entfernen und die Bohnen klein schneiden. Die Kartoffeln schälen, waschen und in kleine Würfel schneiden. Die Karotte unter fließendem Wasser mit der Gemüsebürste säubern und in kleine Würfel schneiden.
- Die Kartoffeln, Karotte und die Bohnen zusammen im Gemüsedämpfer garen. Die Zwiebel schälen und klein schneiden. Das Olivenöl erhitzen und die Zwiebeln zusammen mit den Gewürzen und dem Bohnenkraut darin glasig dünsten. Über das gedämpfte Gemüse geben und durchmischen.

... und nach dem Basenfasten

Dieses Essen ist so reichhaltig, das schmeckt ohne Fleisch, Fisch oder Käse. Greifen Sie auf dieses Rezept zurück, wenn Sie gerade mal wieder einen sauren Tag hinter sich gebracht haben und etwas Entlastung auf der Waage und für den Stoffwechsel brauchen.

Für 2 Personen

2 Hände voll Buschbohnen
2 mittelgroße fest kochende Kartoffeln
1 mittelgroße Karotte
3 EL Olivenöl
1 kleine Zwiebel
etwas Bohnenkraut
frisch gemahlener schwarzer Pfeffer
etwas Meersalz

Fenchel-Tomaten-Sugo

Sugo al finocchio e pomodori

Für 2 Personen

6 mittelgroße fest kochende Kartoffeln
1 kleine Zwiebel
1 EL Olivenöl
1 Fenchelknolle
3 sehr reife Eiertomaten
einige Blätter Basilikum
etwas frischer oder getrockneter Oregano
etwas Meersalz
etwas frisch gemahlener schwarzer Pfeffer

- Die Kartoffeln waschen und im Gemüsedämpfer garen. Die Zwiebel schälen und sehr fein würfeln und im vorsichtig erhitzten Olivenöl glasig dünsten. Den Fenchel putzen, in sehr dünne Streifen schneiden, mit etwas Wasser zu den Zwiebeln geben und einige Min. darin dünsten.
- Die Eiertomaten waschen, in sehr kleine Würfel schneiden und dazugeben. Die Basilikumblätter klein zupfen und zusammen mit dem Oregano unter das Gemüse mischen. Mit Meersalz und schwarzem Pfeffer abschmecken. Die Kartoffeln schälen, vierteln und das Sugo darüber verteilen.

... und nach dem Basenfasten

Das Fechel-Tomaten-Sugo eignet sich hervorragend als Gemüsesauce zu Gnocchi oder Spaghetti. Wenn Sie nicht zu viele Säurebildner in dieser Mahlzeit wollen, sollten Sie eine Packung italienischer Gnocchi verwenden. Sie bestehen aus Kartoffeln und Weizen – und sind damit nicht so säurebildend wie Spaghetti, Fusili, Tagliatelle, Rigatoni oder wie man in Italien die vielen Formen sonst nennt. Wenn es dann doch Pasta sein soll, dann verwenden Sie ein wenig mehr Sugo in einer kleineren Portion Pasta. Auch das hält die Säurebildner in Grenzen.

Verdure all'italiano Gemüseplatte all'italiano

Für 2 Personen

1 kleiner Mangold (Bietola)
2 Karotten
1 kleiner Brokkoli
4 mittelgroße Kartoffeln
2 TL Mandelblättchen
2 EL Olivenöl
etwas Meersalz
etwas schwarzer Pfeffer

- Mangold waschen, den Strunk entfernen und die Blätter des Mangolds in kleine Streifen schneiden. Die Karotten mit der Gemüsebürste unter fließendem Wasser säubern und in kleine Scheiben schneiden. Brokkoli waschen und in kleine Röschen teilen. Die Kartoffeln schälen und vierteln.
- Die Gemüse so in den Gemüsedämpfer geben, dass jede Gemüsesorte separat liegt. Die Gemüse im Gemüsedämpfer garen. Salz und Pfeffer mit dem Olivenöl vermischen. Die Kartoffeln, die Karotten, den Brokkoli und den Mangold auf 2 Tellern anrichten und das Olivenöl darüber verteilen.

Tipp: Wenn Sie in ein italienisches Restaurant gehen und lieber basisch essen wollen, fragen Sie den Kellner einfach nach einer Gemüseplatte: Verdura mista. Die meisten Restaurants haben Karotten, Brokkoli, Blumenkohl, Zucchini, Kartoffeln, Spinat oder Mangold (Bietola) frisch und bereiten dies auch frisch zu.

... und nach dem Basenfasten

Lassen Sie die Kartoffeln weg, dann ist dieses Gemüse eine herrlich basische Beilage zu jedem Fisch- oder Fleischgericht. Wichtig: Pro Person nur 100 g Fisch oder Fleisch verzehren, dafür darf es mehr Gemüse sein.

Melanzane alla picchipacchio

Auberginen-Mischmasch

Für 2 Personen

1 große Aubergine
2 reife Fleischtomaten oder
4 reife Eiertomaten
1 kleine Stange Staudensellerie
1 Zwiebel
einige frische Basilikumblätter
Saft von ½ kleinen Zitrone
1 gehäufter TL Kapern (in Lake)
5 EL Olivenöl
Kräutersalz
bunter, frisch gemahlener Pfeffer
1 gehäufter EL gehackte Mandeln

- Die Aubergine waschen und den Strunk entfernen. Die Aubergine in kleine Würfel schneiden, salzen und zur Seite legen. Die Zwiebel klein schneiden, Basilikum waschen und klein schneiden. Die Tomaten waschen, vierteln und mit einer Gabel zerdrücken. Die Zwiebeln, Basilikum und 2 EL Olivenöl dazugeben und zur Seite stellen.

- Staudenselleriewaschen und in Scheibchen schneiden, dabei evtl. holzige Anteile abschneiden. Die Kapern abtropfen lassen. Die Tomaten-Zwiebel-Mischung und Staudensellerie ca. 15 Min. schmoren lassen. Das restliche Olivenöl erhitzen und die Auberginenwürfel darin andünsten – wenige Min., bis sie gar sind. Gegen Ende der Garzeit der Tomaten-Zwiebel-Mischung die Auberginen, die Kapern und die gehackten Mandeln dazugeben. Mit frisch gemahlenem buntem Pfeffer abschmecken.

... und nach dem Basenfasten

Wenn die Basenfastenwoche vorbei ist, sollten Sie dieses Auberginenragout mal mit einer kleinen Portion Spaghetti oder als Gemüse zu einem mediterranen Fisch – z. B. einer Rotbarbe – probieren.

Fiori di zucca ripieni

Gefüllte Kürbisblüten mit Tomatensalsa

Für 2 Personen

10 mittelgroße festkochende Kartoffeln
8 Kürbisblüten (gibt es nur im Frühjahr und Frühsommer)
½ Gemüsebrühwürfel
1 gute Hand voll Basilikum
1 EL Olivenöl
250 g reife Tomaten
2 EL Olivenöl
etwas Meersalz
etwas frisch gemahlener schwarzer Pfeffer

- Die Kartoffeln mit der Schale im Gemüsedämpfer garen. Die Stempel der Kürbisblüten vorsichtig herauslösen. Basilikum waschen (einige Blätter beiseite legen), abtropfen lassen und sehr klein schneiden. Aus dem Gemüsebrühwürfel eine Brühe herstellen.
- Die Kartoffeln schälen, klein stampfen und mit dem Olivenöl und so viel Gemüsebrühe vermixen, bis sie die Konsistenz eines Kartoffelpürees haben. Basilikum untermischen und die Kartoffelcreme vorsichtig in die Kürbisblüten füllen.
- Eine Auflaufform mit etwas Olivenöl auspinseln und die gefüllten Kürbisblüten hinein setzen. Ca. 15 Min. im Backofen bei 180 Grad backen.
- **Tomatensalsa:** Die Tomaten kurz in heißes Wasser geben, die Haut abziehen, die Tomaten klein würfeln und im Olivenöl kurz andünsten. Salz, Pfeffer und restliche, klein gezupfte Basilkumblättchen dazugeben und zu den Kürbisblüten servieren.

Tipp: Kürbisblüten finden Sie selten, sind aber eine Delikatesse. Wenn Sie einen Garten oder einen Balkon haben, versuchen Sie sich doch in der Kürbiszucht. Sie sind relativ anspruchslos. Dieses Rezept lässt sich auch mit Zucchiniblüten zubereiten, Sie benötigen dann etwa 12 Stück.

... und nach dem Basenfasten

Geben Sie je ½ TL geriebenen Parmesan über jede Kürbisblüte und 1 EL Kapern zu den Tomaten.

Involtini di bietole con zucca

Mangoldröllchen mit Kürbisfüllung

Für 2 Personen

1 sehr kleiner Hokkaidokürbis
1 mittelgroße Kartoffel
4 kleine Mangoldblätter
½ Bund gemischte Kräuter (Glattpetersilie oder Schnittlauch)
1 Tasse Wasser
etwas Muskat
etwas frisch gemahlener weißer Pfeffer
etwas Kräutersalz

- Den Hokkaidokürbis (nicht schälen) mit der Gemüsebürste unter fließendem Wasser abbürsten und in grobe Stücke schneiden und die Kerne herausschaben. Die Kartoffel waschen, schälen und in Stücke schneiden. Die Kürbis- und Kartoffelstücke im Gemüsedämpfer ca. 8 bis 10 Min. garen.
- Mangoldblätter waschen und im Gemüsedämpfer in wenigen Min. garen. Die Kräuter waschen und sehr fein hacken. Die Kürbis- und Kartoffelstücke mit etwas Wasser mit dem Zauberstab pürieren, die Gewürze und Kräuter dazugeben und vermischen. Geben Sie nur wenig Wasser dazu, damit die Masse sehr fest bleibt.
- Je nach Größe der Mangoldblätter 2–3 EL Kürbis-Kartoffel-Creme auf ein Mangoldblatt setzen und das Blatt darum rollen. Die Rolle kann mit einem Zahnstocher festgehalten werden.

Wenn Sie noch ein bisschen Pep bei diesem Rezept benötigen, können Sie ein wenig Tomatensalsa (S. 126) dazugeben.

... und nach dem Basenfasten

Mangoldblätter können auch mit einer Ricotta-Kürbis-Creme gefüllt werden. Dazu bereiten Sie alles so zu, wie im Rezept beschrieben, und lassen lediglich die Kartoffel weg. Geben Sie 3 EL Ricotta zu der Kürbiscreme und vermischen alle übrigen Zutaten.

Auberginen-Zucchini-Türmchen

Timbali di melanzane e zucchini

Für 2 Personen

1 mittelgroße Aubergine
1 mittelgroße Zucchini
10 reife Cocktailtomaten
etwas Meersalz
frisch gemahlener gemischter Pfeffer
1 TL Thymian
3 EL Olivenöl
einige Basilikumblätter
etwas Thymian
4 Schaschlikspieße

- Die Aubergine und die Zucchini waschen und in dünne Scheiben schneiden. Salz, Pfeffer und Thymian unter das Olivenöl mischen und mit einem Pinsel die Auberginen- und Zucchinischeiben etwas einölen. In einer Auflaufform abwechselnd eine Scheibe Aubergine und eine Scheibe übereinandersetzen, sodass es vier Türmchen gibt.
- Jedes Türmchen mit einem Schaschlikspieß befestigen und auf die Spitze eine halbe Cocktailtomate setzen. Im Backofen etwa 20 Min. grillen. Die übrigen Tomaten waschen, vierteln und mit etwas Olivenöl, Meersalz und Pfeffer würzen. Die Basilikumblätter waschen, klein schneiden und unter die Tomaten mischen. Nach 15 Min. Grillzeit zu den Auberginentürmchen geben.

... und nach dem Basenfasten

Auch nach dem Basenfasten schmecken diese Türmchen lecker. Verfeinern können Sie dieses Gericht, indem Sie pro Türmchen zwei hauchdünne Scheiben Büffelmozzarella zwischen die Zucchini- und Auberginenscheiben legen.

Auberginen aus dem Ofen Melanzane al forno

Für 2 Personen

2 mittelgroße Auberginen
1 kleine rote Zwiebel
5 EL Olivenöl
5 reife Eiertomaten
1 Hand voll grüne entsteinte Oliven
4 EL Olivenöl
etwas frisch gemahlener schwarzer Pfeffer
etwas Meersalz
1 TL Oregano
1 Hand voll Basilikumblätter

- Die Auberginen waschen, den Strunk entfernen und die Auberginen in dünne Scheiben schneiden. Die Zwiebel klein würfeln. 3 EL Olivenöl erhitzen und die Zwiebel mit den Auberginenscheiben bei mittlerer Hitze kurz andünsten. Die Auberginen in eine kleine Auflaufform geben und mit Meersalz und Pfeffer würzen.
- Die Tomaten waschen, in kleine Würfelchen schneiden, die Oliven in dünne Scheiben schneiden und mit den Tomaten vermischen. Restliches Olivenöl, etwas Pfeffer und Salz dazugeben, die Basilikumblätter waschen, abtropfen lassen, klein zupfen und unter die Tomaten mischen. Die Tomaten über die gedünsteten Auberginen verteilen und alles etwa 10 Min. in den Backofen geben.

... und nach dem Basenfasten

Mit etwas Parmesankäse überbacken ist das ein superleckeres Gericht, das in der toskanischen Küche beliebt ist: Melanzane alla parmagiana.

So geht's weiter:

Ausgeglichene Säure-Basen-Balance

Ziel erreicht: Die Extrakilos sind runter, und Sie fühlen sich gleich viel wohler. Damit Sie nicht wieder in die Säurefalle treten, erfahren Sie nun, welche Lebensmittel zu den guten und schlechten Säurebildnern gehören und wie Sie kleine Säuresünden gut wieder ausgleichen.

Nach dieser Basenfastenwoche

Wow, nun haben Sie es geschafft, eine ganze italienische Basenfastenwoche durchzuhalten. Na, vielleicht waren es auch nur einige Tage, aber immerhin. Und wie viele Kilos sind gepurzelt? Ein, zwei, drei oder gar vier Kilo?

Nun haben Sie sich eine Belohnung verdient – denn jetzt passen auch die coolen Röhrenjeans, die immer noch in sind. Die Frage ist nun, wie Sie diesen Erfolg erhalten können, ohne weiter nur noch fasten zu müssen. Das Zauberwort heißt hier: die 80/20-Regel. Was ist damit gemeint? Die gesunden Basenbildner – Obst, Salate, frische Kräuter und Gemüse sollten jetzt so oft wie nur irgend möglich auf Ihrem Teller sein. Ideal wäre es, wenn 80 Prozent dessen, was Sie täglich essen und trinken, Basen bilden würde. Die restlichen 20 Prozent dürfen dann Brot, Pasta, Käse, Fleisch, Fisch, Kaffee oder andere Säurebildner sein.

Sie dürfen eigentlich alles wieder essen – nur nicht mehr so viel davon. Schon allein dadurch, dass Sie nicht mehr so viele Säurebildner verzehren, tun Sie Ihrem Stoffwechsel und Ihren Organen etwas Gutes. Es ist natürlich nicht ganz egal, welche Säurebildner Sie verzehren. Es macht einen Unterschied, ob Sie täglich 20 Prozent mit Cola, Kaffee und Pizza füllen, oder ob die 20 Prozent aus Vollkornbrot oder aus Hülsenfrüchten bestehen. Denn neben der Eigenschaft, Säuren oder Basen zu bilden, spielen

◀ Säurebildner ist nicht gleich Säurebildner: Spargel zählt zu den guten.

auch die Nährstoffe der Lebensmittel eine wichtige Rolle, und Vollkornbrot enthält unangefochten mehr Nährstoffe als eine Tasse Kaffee oder als ein Stück Schokolade. Ich unterscheide daher zwischen guten und schlechten Säurebildnern.

Gute Säurebildner

» Als gute Säurebildner bezeichne ich diejenigen Lebensmittel, die nur schwache Säurebildner sind und dem Körper nebenbei jede Menge wertvoller Vitalstoffe liefern und wenig stoffwechselbelastende Zusatzstoffe enthalten. Gute Säurebildner haben trotz ihrer Säurewirkung einen großen gesundheitlichen Wert und gehören zu einer gesunden und basenreichen Ernährung dazu. Auf lange Sicht sollten Sie sich mit vielen Basenbildnern und einem 20- bis 30-prozentigen Anteil an guten Säurebildnern ernähren. Wenn darunter immer mal wieder schlechte Säurebildner rutschen, ist das nicht tragisch, solange sie mengenmäßig nicht überhand nehmen.

INFO

Gute Säurebildner

- Vollkorngetreide
- Hülsenfrüchte: Linsen, Bohnen, Mungobohnen, Adzukibohnen, Sojabohnen, Kichererbsen
- Nüsse (nur Mandeln und frische Walnüsse sind basenbildend)
- Sojaprodukte
- Artischocken, Spargel, Rosenkohl
- grüner und weißer Tee

Schlechte Säurebildner

» Wie der Name schon sagt, halte ich nicht allzu viel von schlechten Säurebildnern. Das bezieht sich auf ihre Wirkung auf den Säure-Basen-Haushalt und heißt nicht, dass man sie völlig verdammen sollte. Wenn Sie 2- bis 3-mal in der Woche Fleisch oder Fisch essen, ist das völlig in Ordnung. Nur der Glaube, man müsse täglich viel Eiweiß essen, um gesund und stark zu bleiben, ist eine Illusion. Nahrungsmittel mit tierischem Eiweiß weisen eine stärkere Säurebildung auf als Nahrungsmittel auf pflanzlicher Basis wie Getreideprodukte oder Hülsenfrüchte. Die Auswirkungen auf den Stoffwechsel bei übermäßigem Fleisch- und

INFO

Schlechte Säurebildner

- Softdrinks, Cola
- alkoholische Produkte
- Innereien
- Wurst
- Schinken
- Meeresfrüchte
- Kaffee
- Zucker und alle zuckerhaltigen Lebensmittel
- Weißmehlprodukte
- Teigwaren aus Weißmehl!
- weißer Reis, polierter Reis
- Cornflakes mit Zusätzen wie Zucker
- Haferflocken als Schmelzflocken
- Schweinefleisch
- Meeresfisch, Zuchtfisch
- Fleisch von Rind, Kalb, Lamm, Ziege
- Wild
- Straußenfleisch, Pferdefleisch
- Geflügelfleisch, auch Taube, Wachtel
- Fisch aus Biozucht
- schwarzer Tee
- Milchprodukte

Fischverzehr sind daher gravierender als bei übermäßigem Verzehr der guten Säurebildner wie Vollkorngetreide.

Wenn Sie in Zukunft darauf achten, den Anteil der tierischen Eiweiße und anderer schlechter Säurebildner zu reduzieren und dafür mehr Obst und Gemüse essen, war diese Basenfastenkur ein echter langfristiger Erfolg für Sie. Und Sie müssen dabei nicht auf die schönen Seiten des Lebens verzichten. Wichtig ist mir nur, dass Sie wissen, was Sie tun, wenn Sie sich in Zukunft einen Espresso einverleiben – solange es nicht fünf am Tag sind, wird das Ihr Stoffwechsel auch noch tolerieren können.

Wie sieht das praktisch aus?

» Was Sie nun keinesfalls tun sollten, ist, im Internet nach Säuretabellen zu schauen und sich die Säuregrade Ihrer Lebensmittel ausrechnen, um täglich genau die 80/20-Regel einzuhalten. Das stresst ungemein und ist sehr kontraproduktiv, wenn Sie sich gesund im Säure-Basen-Gleichgewicht halten wollen. Das Leben soll doch auch Spaß machen und Genuss bieten – deshalb sind wir doch solche Italienfans oder?

Damit es für Sie einfacher wird, finden Sie nach jedem Basenfastenrezept in diesem Buch eine Variante oder einen Tipp für die Zeit danach. Dieses Buch bietet Ihnen daher auch Rezepte, die Säurebildner enthalten, dennoch basenreich sind und die so lecker schmecken, dass Sie bald nur noch mit Abneigung auf eine verbratene im Fett triefende Wurst schauen und sich nach einem knackigen italienischen Salat sehnen. Willkommen im gesunden Dolce Vita.

Rezeptregister

Sachregister

Sabine Wacker
TRIAS-Autorin und Entwicklerin der Erfolgsmethode „Basenfasten“

Bibliografische Information der Deutschen Nationalbibliothek
Die Deutsche Nationalbibliothek verzeichnet diese Publikation in der Deutschen Nationalbibliografie; detaillierte bibliografische Daten sind im Internet über http://dnb.d-nb.de abrufbar.

Programmplanung: Uta Spieldiener
Redaktion: Anja Fleischhauer
Bildredaktion: Anja Fleischhauer, Christoph Frick
Umschlaggestaltung und Innen-Layout:
Cyclus · Visuelle Kommunikation, 70186 Stuttgart

Umschlagfoto: Chris Meier, Stuttgart
Fotos im Innenteil: Fotolia: S. 1 (Arthurdent), S. 4–5 (Team 5), S. 10 (Mytho), S. 13 (Daniel Gilbey), S. 16–17 (Gabriel Scott), S. 19 unten (Danielo Ascione), S. 23 (Dusan Zidar), S. 29 (Panoramo.de), S. 31 (Fotografiche.eu), S. 40 (UK), S. 45 (Vanessa Martineau), S. 46–47 (Ina Schönrock), S. 9, 19 oben, 22, 23, 32, 35, 50, 51, 58, 88, 103, 112 (Alexander Maier), S. 53 (Jeangies), S. 56–57 (Foto-Biene), S. 83 (Spinetta), S. 93 (Manla); Chris Meier: S. 6, 62, 65, 66, 68, 71, 73, 76, 78, 80, 85, 87, 90, 94, 96, 101, 105, 107, 109, 111, 114, 116, 118, 120, 123, 125, 127, 129, 130, 132, 134; Fancy Healthy Food: S. 44, 136, Jean-Blaise Hall/Photo Alto: S. 34, Peter Zeeb/ Pitopia: S. 38–39

Oswald-Hesse-Straße 50, 70469 Stuttgart
Printed in Germany

Satz: Cyclus · Media Produktion, 70186 Stuttgart
gesetzt in: InDesign CS4
Druck: AZ Druck und Datentechnik GmbH, 87437 Kempten

Gedruckt auf chlorfrei gebleichtem Papier

ISBN 978-3-8304-2295-2 1 2 3 4 5 6

Wichtiger Hinweis: Wie jede Wissenschaft ist die Medizin ständigen Entwicklungen unterworfen. Forschung und klinische Erfahrung erweitern unsere Erkenntnisse, insbesondere was Behandlung und medikamentöse Therapie anbelangt. Soweit in diesem Werk eine Dosierung oder eine Applikation erwähnt wird, darf der Leser zwar darauf vertrauen, dass Autoren, Herausgeber und Verlag große Sorgfalt darauf verwandt haben, dass diese Angabe dem Wissensstand bei Fertigstellung des Werkes entspricht.
Die Ratschläge und Empfehlungen dieses Buches wurden vom Autor und Verlag nach bestem Wissen und Gewissen erarbeitet und sorgfältig geprüft. Dennoch kann eine Garantie nicht übernommen werden. Eine Haftung des Autors, des Verlages oder seiner Beauftragten für Personen-, Sach- oder Vermögensschäden ist ausgeschlossen.
Geschützte Warennamen (Warenzeichen) werden nicht besonders kenntlich gemacht. Aus dem Fehlen eines solchen Hinweises kann also nicht geschlossen werden, dass es sich um einen freien Warennamen handelt.

SERVICE

Liebe Leserin, lieber Leser,

hat Ihnen dieses Buch weitergeholfen? Für Anregungen, Kritik, aber auch für Lob sind wir offen. So können wir in Zukunft noch besser auf Ihre Wünsche eingehen. Schreiben Sie uns, denn Ihre Meinung zählt!

Ihr TRIAS Verlag
E-Mail Leserservice: heike.schmid@medizinverlage.de
Lektorat TRIAS Verlag, Postfach 30 05 04, 70445 Stuttgart, Fax: 0711 89 31-748